Gert Müller

Alte Obstsorten

Franckh-Kosmos

Impressum

Mit 7 Farbfotos von Christl Eberle, Meersburg: 17, 18, 55, 56; mit 18 Farbzeichnungen aus »Gauchers praktischer Obstbaumzüchter« von N. Gaucher, A. Jungs Verlag, Stuttgart 1889: 35 o.l., 35 o.r., 38 u.r.; »Apfelsorten«, Grasers naturwissenschaftliche und landwirtschaftliche Tafeln, Grasers Verlag: 36, 37; »Abbildungen württembergischer Obstsorten. Eine Sammlung vorzüglicher Steinobstfrüchte.«, herausgegeben von Dr. Eduard Lucas, Verlag von Eugen Ulmer, 1861: 35 u.l., 35 u.r., 38 o.l., 38 o.r., 38 u.l.

Mit 22 schwarz-weißen Zeichnungen von Horst Lünser, Berlin: 16, 19, 20, 21, 24, 29, 32, 48, 53, 59, 62, 66, 67; »Gauchers praktischer Obstbaumzüchter« von N. Gaucher, A. Jungs Verlag, Stuttgart 1889: 11, 14, 46; »Der praktische Ratgeber im Obst- und Gartenbau«, Königliche Hofbuchdruckerei Trowitsch und Sohn, Frankfurt/Oder, 3. Jahrgang 1888: 22, 26, 30, 34, 41

Vignetten aus Hauptprobe der Bauerschen Gießerei in Frankfurt a.M. und Barcelona; gegründet 1851

Umschlaggestaltung von Atelier Reichert, Stuttgart, unter Verwendung von 5 Farbfotos von H. Laux, Biberach/Riß (großes Bild Vorderseite), F. Strauß, Au/Hallertau (kleines Bild Vorderseite, Pflaumen 'Königin Viktoria'), Christl Eberle, Meersburg (kleines Bild Vorderseite, Äpfel 'Brettacher') und Christl Eberle, Meersburg (Rückseite, Süßkirschen 'Schneiders Späte Knorpelkirsche' und Birnen 'Gute Luise von Avranches')

Die Deutsche Bibliothek –
CIP-Einheitsaufnahme

Müller, Gert:
Alte Obstsorten / Gert Müller. –
Stuttgart : Franckh-Kosmos, 1995
  ISBN 3-440-06928-1

© 1995, Franckh-Kosmos Verlags-GmbH & Co., Stuttgart
Alle Rechte vorbehalten
ISBN 3-440-06928-1
Lektorat: Wolfgang Bohlsen
Herstellerin: Kirsten Raue
Printed in Germany/Imprimé en Allemagne
Satz: G. Müller, Heilbronn
Herstellung: Huber KG, Dießen

Inhalt

Vorwort

Die Vorstellung alter Kern- und Steinobstsorten für den Hausgarten und die Obstwiese steht im Mittelpunkt dieses Buches. Allein vom Apfel gibt es in Deutschland schätzungsweise 1400 alte Sorten, einschließlich sehr vieler Lokalsorten. Natürlich kann nur eine kleine Auswahl von alten Obstsorten in diesem Buch Erwähnung finden.

»Alte Obstsorten« bedeutet, daß die hier beschriebenen Sorten vor 1950 entstanden oder in den Handel gelangt sind. Das heißt natürlich nicht, daß neuere Obstsorten grundsätzlich abzulehnen sind. Im Gegenteil, es gibt neuere Sorten, die sehr gut schmecken und auch sonst viele Vorteile haben. Aber man sollte nicht vergessen: Auch alte Obstsorten haben eine große Anzahl guter Eigenschaften und stellen darüber hinaus auch ein Stück Kulturerbe dar, das nicht in Vergessenheit geraten darf.

Um dem Porträtteil einen möglichst großen Platz einzuräumen, wurde im Praxisteil nur Allgemeines zum Kern-, Stein- und Beerenobst und die obstbauliche Problematik erläutert, die für das Pflanzen junger Obstbäume von Bedeutung ist. Für weitergehende Informationen sollte man die obstbaulichen Ratgeber heranziehen, die im Anhang dieses Buches erwähnt werden.

Eine alte Sorte kann letztendlich nur erhalten werden, wenn sie nicht nur in den wenigen Obstsortenerhaltungsanlagen (sogenannten Genbanken), sondern auch in Hausgärten und auf Obstwiesen steht. Wenn ich mit diesem Buch einen kleinen Beitrag dazu leisten kann, daß es wieder eine größere Sortenvielfalt im Hausgarten und auf der Obstwiese gibt, habe ich mein Hauptanliegen erreicht.

Gert Müller

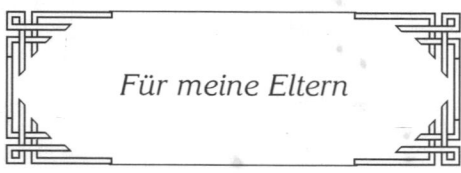

Für meine Eltern

Geschichte des Obstbaus

Die wilden Vorfahren von Apfel, Birne, Walnuß und Pflaume stammen aus dem Kaukasus, Turkestan und Kleinasien. Die Quitte war im östlichen Transkaukasien beheimatet, während wilde Mandel- und Aprikosenarten ihren Ursprung in Armenien, Mesopotamien und Syrien haben; auch dort waren Apfel, Birne und Pflaume anzutreffen. Erdbeere, Haselnuß, Pfirsich und die Kirsche kommen ursprünglich aus China, Japan, der Mandschurei und teilweise aus Ostsibirien.

Obstgehölze wurden nachweislich schon 1450 v. Chr. im Orient und in Ägypten kultiviert. In Persien wurden ganze Landstraßen mit Obstbäumen bepflanzt; es wurden Schulungen im Obstbau durchgeführt. Die Griechen brachten von ihren Eroberungsfeldzügen verschiedene Obstarten von Persien nach Griechenland, auch Kaufleute waren an der Einführung von Obstgehölzen auf den europäischen Kontinent beteiligt.

Von Griechenland gelangten die Obstarten ins heutige Italien. Die Römer verehrten Pomana, die Göttin des Obstes. Die Römer brachten die Obstarten mit ihren Feldzügen auch in die gallischen Länder. Plinius der Ältere (23–79) beschrieb 37 Apfel-, 56 Birnen-, zwölf Pflaumen- und vier Pfirsichsorten.

Auf ihren Feldzügen brachten die Römer die Obstarten auch auf deutschen Boden. Es ist bekannt, daß Karl der Große (747–814) ein großer Anhänger des Obstbaus war. Unter seiner Herrschaft war jedes Ehepaar verpflichtet, sechs Obstbäume zu pflanzen. Auch die Klöster kümmerten sich in den folgenden Jahrhunderten in starkem Maße um den Obstbau. Durch die Zerstörungen des Dreißigjährigen Krieges (1618–1648) kam die Kultur von Obst auf deutschem Boden jedoch fast zum Erliegen. Erst Mitte des 18. Jahrhunderts wurde der Anbau von Obst wieder forciert. Zu dieser Zeit wurden viele Zufallssämlinge entdeckt, etliche Sorten gelangten in Form von Edelreisern nach Deutschland.

1758 beschrieb Johann Hermann Knoop in seinem Werk »Pomologia« die besten Apfel- und Birnensorten und veröffentlichte farbige Abbildungen der Sorten in Originalgröße. Mit diesem Werk begründete er die Pomologie (Lehre der Obstsortenkunde). In den folgenden Jahrzehnten folgten weitere wichtige pomologische Werke, beispielsweise von Christ (»Vollständige Pomologie«, 1809–1812), Stickler (»Der deutsche Obstgärtner«, 1794–1804) und Diel (»Versuch einer systematischen Beschreibung in Deutschland vorhandener Kernobstsorten«, 1799–1832).

1855 erschien erstmals die »Monatszeitschrift für Pomologie«; 1859 gaben die Pomologen Jahn, Lucas und

Oberdieck den ersten Band des »Illustrierten Handbuches der Obstkunde« heraus.

1860 wurde dann der Deutsche Pomologenverein e.V. (DPV) von 85 Gründungsmitgliedern ins Leben gerufen. Ein wichtiges Anliegen des Vereins war die Sichtung, Beschreibung und Prüfung aller deutschen und in Deutschland vorhandenen Obstsorten. 1861 wurde in Mähringen bei Reutlingen ein Obstmuttergarten angelegt; hier erprobte man Sorten und produzierte sortenechte Edelreiser.

Mit Ende des 19. Jahrhunderts konzentrierte sich die Arbeit des DPV stärker auf den Erwerbsobstbau. Obst ausländischer Anbieter drängte auf den deutschen Markt, laufend wurden der Öffentlichkeit neue Sorten vorgestellt. Alte und bewährte Sorten verschwanden aus den Sortimenten der Baumschulen. Düngung, Schädlingsbekämpfung, einheitliche Fruchtgrößen und die bessere Vermarktung waren die neuen Schwerpunkte in der Forschung. Von staatlicher Seite aus wurden an den Landwirtschaftskammern erste Garten- und Obstbauabteilungen geschaffen.

Der Liebhaberobstbau wurde zunehmend in den Hintergrund gedrängt, alte Obstsorten waren nicht mehr gefragt. Auch der DPV änderte seine Arbeitsschwerpunkte und wurde 1919 in Deutsche Obstbaugesellschaft umbenannt.

In den folgenden Jahrzehnten wurde die Pomologie in Deutschland recht stiefkindlich behandelt, eine Entwicklung, die sich fast bis in die Gegenwart fortsetzte. Lediglich in der ehemaligen DDR pflegte man die Pomologie innerhalb des Verbandes der Kleingärtner, Siedler und Kleintierzüchter (VKSK).

Nachdem das Interesse an alten Obstsorten in den vergangenen Jahren wieder deutlich zugenommen hat, wurde 1991 der Pomologen-Verein e.V. gegründet. Der Verein will die Tradition des 1919 aufgelösten DPV fortsetzen. Er setzt sich insbesondere für den Erhalt alter Obstsorten ein und kümmert sich um deren Bestimmung, Beschreibung und Pflege. Die allgemeine Zielsetzung ist die Bewahrung der Natur- und Kulturlandschaft, hier steht vor allem der Erhalt des landschaftsprägenden Streuobstbaus im Vordergrund.

Wissenswertes vorweg

Bevor man Obstgehölze in den Hausgarten oder auf die Obstwiese pflanzt, sind einige grundsätzliche Fragen zu klären:
● Welcher Standort kommt in Betracht?
● Wie sind die Bodenverhältnisse?
● Wie viele Obstbäume passen in den Hausgarten oder auf die Obstwiese?
● Welche besonderen Ansprüche haben die ausgesuchten Obstarten bzw. -sorten?
Einige allgemeine Angaben über Boden- und Klimaansprüche und Hinweise zu den wichtigsten Kern-, Stein- und Beerenobstarten sollen an dieser Stelle etwas Übersicht verschaffen.

Boden

Die besten Voraussetzungen für einen erfolgreichen Obstanbau bieten humose Lehmböden. Sandige Böden sind im allgemeinen noch geeignet für Kernobst auf stark wachsenden Unterlagen, für Pflaumen und Sauerkirschen. Sehr schwere und feuchte Böden bewirken, daß die Wurzeln eher flach wachsen. Die Bäume sind außerdem im Winter stärker frostgefährdet, weil der Boden langsamer abkühlt und das Holz im Herbst nur mangelhaft ausreift.
Werden Kern- oder Steinobstbäume direkt aufeinanderfolgend an die gleiche Stelle gepflanzt, besteht die Gefahr der Bodenmüdigkeit. Die Ursachen liegen unter anderem im einseitigen Nährstoffentzug sowie in der Anreicherung von Bodenschädlingen und Wurzelausscheidungen. Man erkennt die Bodenmüdigkeit am kümmerlichen Wuchs, dem erhöhten Befall mit Schaderregern und der vorzeitigen Vergreisung des Obstbaumes. Auf einen Kernobstbaum sollte aus diesen Gründen 20 Jahre lang kein Kernobstbaum am gleichen Standort folgen, für Steinobstbäume beträgt die Wartezeit 10 bis 15 Jahre.

Klima

Von den in hiesigen Breiten vorkommenden Obstarten benötigen Wein, Pfirsich, Aprikose, Reneklode, Mirabelle, Quitte und Birne die meiste Wärme. Es folgen Apfel, Kirsche, Zwetschge und das Beerenobst. Längere Hitzeperioden und extrem kalte Winter wirken sich auf alle Obstarten nachteilig aus.
Häufige Niederschläge und Tau fördern nicht nur die Fruchtentwicklung, sondern leider auch den Befall mit Schaderregern, vor allem, wenn die Krone dicht im Laub steht und deshalb nach Regenfällen schlecht abtrocknet. Im Durchschnitt benötigen Obstgehölze eine Niederschlagsmenge von 600 bis 800 mm pro Jahr.

7

Besonders warme Lagen begünstigen den Mehltaubefall. Von allen Seiten geschlossene Standorte lassen die Kräuselkrankheit, Monilia, Schorf und tierische Schädlinge in stärkerem Maße auftreten, als das an offenen Standorten oder in Höhenlagen der Fall ist.

Besonders gefährliche Standorte sind Talsohlen und Geländesenken, in denen sich die Kaltluft sammelt. Hier kommt es besonders häufig zu Blütenfrostschäden.

Nähere Erläuterungen zu den klimatischen Ansprüchen finden Sie im Porträtteil ab Seite 22.

Baumformen

Welche Baumform man wählt, ist stark davon abhängig, zu welchem Zweck und an welche Stelle man das Obstgehölz plazieren will. Man unterscheidet Hochstamm (160 bis 180 cm), Halbstamm (100 bis 120 cm), Viertel- oder Meterstamm (80 bis 100 cm) und den Buschbaum (40 bis 60 cm). Beim Kernobst gibt es noch den Spindelbusch und verschiedene Spalierformen. Die Stammhöhe wird vom Erdboden bis zum untersten Kronentrieb gemessen. Die Größenangaben stammen aus den Richtlinien des Bundes deutscher Baumschulen (BdB).

Die Angaben für Hoch- und Halbstamm erscheinen unter bestimmten Voraussetzungen (z.B. Sitzecke unter einem Obstbaum, Tierhaltung) ein wenig zu niedrig. Stammhöhen von bis zu 200 cm für den Hochstamm bzw. bis zu 140 cm für den Halbstamm wären unter den genannten Voraussetzungen sinnvoller.

Besonders beim Apfel bestimmt die Unterlage in starkem Maße den Wuchs und die Lebenserwartung des Baumes. Halb- und Hochstamm stehen daher auf einer stark wüchsigen Unterlage, fast immer ist es eine Sämlingsunterlage.

Tips zum Kauf von »alten« Obstsorten

Wenn möglich, sollte man die Obstsorten nur in nahegelegenen Baumschulen kaufen, die Fachberatungen durchführen und die alten Obstsorten selbst herangezogen haben.

Viele dieser Baumschulen sind im Bund deutscher Baumschulen (BdB) organisiert; im Pomologen-Verein e.V. sind Baumschulen zusammengeschlossen, die sich speziell um den Erhalt alter Obstsorten kümmern.

Kernobst, Steinobst, Beerenobst

Die Obstarten, die in unseren Breiten wachsen, stellen ihre eigenen Ansprüche an Standort, Boden und Klima. Außerdem ist es wichtig, einiges über Obstunterlagen, Stammbildner und Befruchtersorten zu wissen.

Der Apfel
Malus domestica

Apfelbäume bevorzugen gemäßigte Klimazonen, wie sie in Deutschland und Europa größtenteils vorkommen. Die Sommertemperaturen sollten langfristig nicht über 32° Celsius liegen, die Wintertemperaturen nicht unter −22° Celsius sinken. Apfelbäume benötigen eine Niederschlagsmenge von 600 bis 800 mm pro Jahr. In niederschlagsarmen Gegenden ist eine zusätzliche Bewässerung erforderlich. Im allgemeinen sind Höhenlagen bis etwa 600 m geeignet. Der Standort sollte nicht spätfrostgefährdet sein (Tallagen mit Kältestau), da die offene Apfelblüte keine Temperaturen unter −1,5° Celsius verträgt. Im Herbst sorgen Wechseltemperaturen zwischen Tag und Nacht für eine gute Fruchtausfärbung. Sorten, die mehr als 180 Tage für die Fruchtentwicklung benötigen, sollten in unseren Breiten nicht angepflanzt werden. Der Apfel ist ein Flachwurzler. Er verlangt im allgemeinen einen tiefgründigen, ausreichend feuchten, nähr-stoffreichen und lehmigen Boden. Auf staunassen und schweren Böden, bei hohem Grundwasserstand oder flachgründigen Böden leiden die Bäume unter Frost, Krebs und Spitzendürre. Die Frosthärte ist sortenunterschiedlich ausgeprägt.

Der Apfel bevorzugt eine hohe Luftfeuchtigkeit. In warmen und trockenen Lagen leidet er unter Blattläusen und Mehltau. In regenreichen und luftfeuchten Gebieten kann sortenspezifisch Schorf auftreten. Ungeeignete Standorte und übermäßige Düngung führen oftmals zu einem verstärkten Befall mit Schaderregern. Um Früchte anzusetzen, ist der Apfel auf Fremdbestäubung angewiesen. Es reicht aus, wenn im Umkreis von etwa 200 m ein Apfelbaum steht, der als Pollenspender dienen kann. Es gibt gute und schlechte Pollenspender; außerdem ist zu bedenken, daß die Blütezeit von Sorte zu Sorte unterschiedlich ist. Bei anhaltend naß-kalter Witterung fliegen die Bienen sehr schlecht, dadurch ist die Befruchtung der Apfelblüten gefährdet. Der Apfelbaum besteht in der Regel aus der Wurzelunterlage, die mit der eigentlichen Sorte veredelt wird. Bei Sorten, die einen krummen Stamm bilden, frostgefährdet sind oder sehr langsam wachsen, wird zusätzlich ein Stammbildner zwischenveredelt. Es gibt schwach-, mittelstark- und starkwachsende Unterlagen. Einige typi-

sche Unterlagen werden hier kurz charakterisiert:

M 26

Schwach wachsend, Pfahl zeitlebens notwendig; Lebenserwartung etwa 20 Jahre. Pflanzabstand drei Meter; für Spalierobst, Spindelbüsche und Buschbäume, auch noch für die Topfobstkultur geeignet. Hohe Standortansprüche. Andere schwach wachsende Unterlagen sind M 9 und M 27.

M 7

Mittelstark wachsend, Pfahl mindestens in den ersten Jahren erforderlich; Lebenserwartung 30 bis 35 Jahre. Pflanzabstand vier bis fünf Meter; für Buschbäume und Viertelstämme (Meterstämme) geeignet. Gedeiht auf mittleren, auch auf schweren Böden; verträgt Nässe und Trockenheit. Andere mittelstark wachsende Unterlagen sind MM 106, M 4 und MM 111 (für leichte Böden).

Sämlingsunterlage

Stark wachsend, Pfahl nur in den ersten Jahren notwendig; Lebenserwartung 80 bis 100 Jahre. Pflanzabstand mindestens acht, besser zehn bis zwölf Meter; für Halb- und Hochstämme mit oder ohne Stammbildner geeignet. Hohes Anpassungsvermögen an den Standort. Wichtige Sämlingsunterlagen sind 'Bittenfelder' und 'Grahams Jubiläumsapfel'; als stark wachsende Unterlagen kommen außerdem A 2 und M 25 in Frage.

Stammbildner

Bewährte Stammbildnersorten sind unter anderem 'Hibernal', 'Jakob Fischer', 'Maunzenapfel' und 'Purpurroter Cousinrot'.

Die Birne
Pyrus communis

Fast alle Birnensorten benötigen zur optimalen Fruchtausreifung ein typisches Weinklima. Nicht von ungefähr sind viele Birnensorten in Frankreich und Belgien entstanden.
An zu kalten Standorten oder nach kühlen Sommermonaten haben die Früchte oft kein schmelzendes Fruchtfleisch. Das Fruchtfleisch zergeht nicht im Mund; die Birnen schmecken ausgesprochen »rübig«. Die Bodenansprüche ähneln denen des Apfels. Die Birne ist jedoch wärmebedürftiger, wurzelt etwas tiefer und ist gegen Winterfrost empfindlicher als der Apfel.
Auch die Birne ist auf Fremdbestäubung angewiesen, die Blütezeit ist abhängig von der Frühjahrswitterung und liegt etwa zehn Tage vor der Apfelblüte. Wie beim Apfel gibt es gute und schlechte Pollenspender.
Als Unterlage dient ein Sämling ('Kirchensaller Mostbirne') für alle Baumformen. Einige Birnensorten werden auf einem Stammbildner veredelt. Gute Stammbildnersorten sind 'Augustbirne', 'Bertrams Stammbildner', 'Gellerts Butterbirne' und 'Schraderhof'. Der Birnensämling ist robust, sehr anpassungsfähig und standfest, so daß

nur in den ersten Jahren ein Stütz-pfahl benötigt wird. Der Pflanzab-stand beträgt acht bis zehn Meter. Die stark wachsenden Birnbäume gehen schnell in die Höhe und erreichen ein Alter von etwa 150 Jahren, Mostbir-nen können über 200 Jahre alt wer-den.

Kleinere Bäume erhält man durch Veredlung auf die artfremde Quitte A. Einige Birnensorten sind jedoch mit dieser Quittenunterlage unverträglich und bedürfen deshalb einer Zwi-schenveredlung mit einem Stamm-bildner.

Birnen gedeihen besonders gut an einem sonnigen Standort (Abbildung von 1889).

Der Vorteil der Quittenunterlage ist der im Vergleich zur Sämlingsunterla-ge frühere Ertragsbeginn, jedoch ist sie frostanfälliger (im Winter Boden-abdeckung erforderlich) und fördert das Auftreten der Chlorose (Blattver-gilbung), wenn der Kalkgehalt des Bodens relativ hoch ist (pH-Wert größer als 7).

Die Quitte
Cydonia oblonga

Die Quitte ist im Holz etwas frost-empfindlicher als die meisten Apfel- und Birnensorten. Daher benötigt die Quitte einen eher wärmeren Standort. Die Bodenansprüche sind die glei-chen wie bei der Birne. Der Pflanzab-stand beträgt drei Meter.

Die Süßkirsche
Prunus avium

Die Süßkirsche benötigt einen durch-lässigen, lehmhaltigen, tiefgründigen und gut durchlüfteten Boden. Extrem sandige sowie schwere, tonige oder zur Staunässe neigende Böden kom-men nicht in Frage.

Niederschläge von 600 bis 800 mm pro Jahr sind optimal; kein Regen während der Ernteperiode wäre wün-schenswert, da die Früchte vieler Süßkirschensorten platzen und fau-len können. Wintertemperaturen un-ter −25° Celsius schädigen Holz und Knospen der Süßkirsche. Kühle Witterung im Frühjahr kann Röteln (= vorzeitiger Fruchtfall) verursachen.

Die relativ frühe Kirschblüte ist stark spätfrostgefährdet.

Alle Süßkirschensorten sind selbstunfruchtbar, es muß also in der Nähe eine passende Befruchtersorte stehen. Kann man aus Platzgründen im Garten keinen weiteren Baum pflanzen, reicht es schon aus, wenn eine andere Sorte in der Krone veredelt wird. Jedoch ist zu bedenken, daß es unter einigen Kirschensorten eine Kreuzungsunverträglichkeit (Intersterilität) gibt. Daher sollte man sich beim Kauf von Süßkirschen entsprechend beraten lassen. Gute Unterlagen sind der Sämling der Vogelkirsche und die Steinweichsel F 12/1, beide sind starkwachsend. F 12/1 nimmt man eher für niedrige, den Vogelkirschensämling eher für höhere Baumformen.

Süßkirschenbäume werden 80 bis 100 Jahre alt, bei guten Böden sogar noch älter. In den ersten Jahren sollten sie einen Stützpfahl haben. Der Pflanzabstand beträgt acht bis zehn Meter, noch besser sind zwölf Meter.

Die Sauerkirsche
Prunus cerasus

Auf der Unterlage Steinweichsel (*Prunus mahaleb*) vertragen die wenig anspruchsvollen Sauerkirschen auch relativ arme und trockene Böden. Sie reagieren jedoch empfindlich auf sehr schwere und nasse oder nur ungenügend durchlüftete Böden. Sauerkirschen wurzeln relativ breit, die Tiefe richtet sich nach den vorherrschenden Bodenverhältnissen.

Die in der Regel selbstfruchtbare Sauerkirsche blüht und fruchtet meist am einjährigen Holz. Geeignete Sauerkirschenunterlagen sind wie bei der Süßkirsche der Sämling der Vogelkirsche und die Steinweichsel F 12/1. Geeignete Baumformen sind Buschbäume, Viertel- (Meter-) und Halbstämme.

Der Pflanzabstand beträgt je nach Sorte vier bis sieben Meter. Die Bäume erreichen ein Alter von 50 bis 60 Jahren; das Holz ist frosthart. Die Früchte sind in regenreichen Sommern platzfester als die der Süßkirsche.

Pflaume, Zwetschge, Reneklode, Mirabelle
Prunus domestica

Unter der heute allgemein üblichen Bezeichnung Pflaume werden die folgenden, untereinander stark vermischten Arten zusammengefaßt: Pflaume (Rund- und Eierpflaume), Zwetschge (andere Schreibweisen sind Zwetsche, Zwetschke und Quetsche), Halbzwetschge (liegt zwischen Pflaume und Zwetschge), Mirabelle und Reneklode.

Die besten Wachstumsbedingungen finden Pflaumen auf humosen, nährstoffreichen, relativ feuchten, warmen, wenig spätfrostgefährdeten und windgeschützten Standorten. Die Reneklode benötigt den wärmsten Boden, während die Zwetschge auch noch in höheren und rauhen Lagen gedeiht. Allgemein betrachtet können jedoch bei allen Pflaumenarten ex-

trem niedrige Wintertemperaturen zu großen Verlusten führen.

Einige Pflaumensorten sind selbstfruchtbar, andere benötigen einen geeigneten Pollenspender zur Befruchtung. Die frühe Blüte der Pflaumen ist stark spätfrostgefährdet. Die Pflaume ist ein Flachwurzler.

Als starkwachsende Unterlage empfiehlt sich Prunus 'Brompton' (Bromptonpflaume), denn sie kommt mit fast jeder Bodenart zurecht. Leider ist sie anfällig für das gefürchtete Scharka-Virus, deshalb sollten nur auf Virusfreiheit getestete Brompton-Unterlagen verwendet werden.

Eine weitere stark wachsende Unterlage ist Prunus myrobolana. Für mittelstark wachsende Bäume ist Prunus St. Julien INRA Nr. 2 die geeignete Unterlage. Sie sollte nur auf guten Böden angesiedelt werden, steinige Böden scheiden aus.

Der Pflanzabstand sollte fünf bis sieben Meter betragen, in den ersten Jahren benötigen die Bäume einen Stützpfahl. Die Lebenserwartung beträgt im allgemeinen 50 bis 60 Jahre.

Die Aprikose
Prunus armeniaca

Geeignete Standorte sind windgeschützte Lagen mit lockeren, lehm- oder lößhaltigen, ausreichend feuchten Böden. Der Standort sollte sich im Frühjahr nicht zu schnell erwärmen, weil die Blüten bei dem dann einsetzenden frühen Austrieb stark spätfrostgefährdet sind. Die Aprikosen sind selbstfruchtbar.

Die schon bei der Pflaume erwähnte stark wachsende Brompton-Unterlage läßt sich auch für die Aprikose verwenden. Der Pflanzabstand beträgt fünf bis sechs Meter.

Der Pfirsich
Prunus persica

Der Pfirsich braucht windgeschützte, spätfrostfreie Südlagen mit nährstoffreichen, ausreichend feuchten, durchlässigen und humushaltigen Lößböden. Fast alle Sorten können sich selbst befruchten. Neben der Brompton-Pflaume ist auch *Prunus* St. Julien INRA Nr. 2 als Unterlage für die Pfirsichveredlung gut geeignet. Wie bei der Aprikose beträgt der Pflanzabstand fünf bis sechs Meter.

Die Johannisbeere
Ribes rubrum und *Ribes nigrum*

Sie ist breit anbaufähig. Bei ausreichender Feuchtigkeit sind auch leichte Böden geeignet. Johannisbeeren sind in der Regel selbstfruchtbar, nur einige Schwarze Johannisbeeren brauchen eine Fremdbefruchtung durch andere Sorten.

Die Stachelbeere
Ribes uva-crispa

Die Stachelbeere ist breit anbaufähig und stellt an Boden und Standort keine hohen Anforderungen. Nur eine ausreichende Bodenfeuchtigkeit ist

Die Stachelbeere – ein anspruchsloses Beerenobst (Abbildung von 1889).

wichtig. Fremdbestäubung fördert die Fruchtqualität, daher sollten mehrere Sorten angepflanzt werden, obwohl die Stachelbeere selbstfruchtbar ist.

Die Himbeere
Rubus idaeus

Sie bevorzugt einen humosen, lehmigen und tiefgründigen Boden. Auch humose Sandböden kommen bei ausreichender Feuchtigkeit in Frage. Starke Frostlagen können Ausfälle verursachen. Die Himbeere ist selbstfruchtbar.

Die Brombeere
Rubus fruticosus

Die Brombeere stellt wenig Ansprüche an den Boden. Fast alle Sorten vertragen Temperaturen unter −15° Celsius. Die Brombeere ist selbstfruchtbar.

Die Gartenerdbeere
Fragaria x *ananassa*

Neben den am häufigsten angebauten einmaltragenden Gartenerdbeeren gibt es noch die mehrmalstragenden Monatserdbeeren (*F. vesca* var. *semperflorens*) und Walderdbeeren (*F. vesca*), vor allem geeignet als Bodendecker für den lichten Halbschatten.
Erdbeeren wachsen besonders gut in durchlässigen und humosen Böden. Sie bevorzugen einen sonnigen Standort. In der Regel sind die Erdbeeren selbstfruchtbar und brauchen keine Bestäubersorte.

Die Weintraube
Vitis vinifera

Weinreben bevorzugen nährstoffreiche, warme und durchlässige Böden, wachsen aber auch auf ärmeren Kies-, Gesteins- und Sandböden. Nasse Böden sind ungeeignet. Die Lage sollte bei einer begrenzten Niederschlagsmenge mild, warm und geschützt sein. Die Weinrebe befruchtet sich selbst.

Pflanzen von Obstgehölzen

»Herbstzeit ist Pflanzzeit« ist ein bekannter Slogan der Baumschulen. Mit der richtigen Pflanzung schafft man die besten Voraussetzungen für ein gutes Wachstum und hohe Erträge.

Pflanztermin

Die Pflanzzeit für Obstgehölze erstreckt sich vom Herbst (Ende Oktober/Anfang November) bis Mitte April. Voraussetzungen sind eine frostfreie Wetterlage und nicht gefrorener Boden. Die günstigste Zeit ist jedoch im Herbst, wenn das Erdreich noch relativ warm ist und die frisch gepflanzten Bäume den Boden noch durchwurzeln können. Die Bäume, die im Frühjahr gepflanzt werden, haben schlechtere Startbedingungen, vor allem bei trockener Wetterlage im Sommer, denn dann müssen sie laufend bewässert werden.
Zur Pflanzung sollten die Ansprüche der jeweiligen Arten an Standort, Boden und Pflanzabstand möglichst erfüllt sein. Vor allem der auf den ersten Blick oftmals sehr große Pflanzabstand sollte unbedingt eingehalten werden, damit der Garten oder die Obstwiese in einigen Jahren nicht wie ein »Obstbaumurwald« aussieht.
Über den Zustand des Bodens (pH-Wert, Körnung, Nährstoffgehalt) kann im Zweifelsfall eine Bodenprobe Aufschluß geben.

Die Pflanzung

Die Pflanzgrube hat einen Durchmesser von 80 bis 100 cm und ist 40 bis 50 cm tief. Die Grubensohle wird spatentief gelockert, um die Durchwurzelung zu erleichtern. Dann stellt man einen Wühlmausschutzkorb (Bauanleitung siehe Seite 19) ins Pflanzloch. Direkt neben dem Drahtkorb (Westseite) wird ein Baumpfahl eingeschlagen. Das obere Baumpfahlende sollte später nicht höher als der Beginn der Obstbaumkrone sein. Den Drahtkorb füllt man zu einem Drittel mit Erde, wobei die Erde vorher mit Kompost angereichert werden kann.
Nach dem Einkürzen beschädigter Obstbaumwurzeln wird der Obstbaum in den Drahtkorb gestellt; danach den Korb vollständig mit Erde füllen. Dabei sollte man den Baum ab und zu ein wenig rütteln, damit die Erde auch zwischen die Wurzeln gelangt. Die Erde ist gut anzutreten. Der noch nach außen ragende Rand des Drahtkorbes kann dann nach innen zum Stamm hin gefaltet werden; den Stamm dabei nicht einschnüren!
Nachdem der Drahtkorb vollständig mit Erde bedeckt wurde, ist ein Gießrand herzurichten und kräftig anzugießen. Die Veredlungsstelle muß etwa zehn Zentimeter (eine Handbreit) über der Bodenoberfläche liegen. Im Laufe der nächsten Wochen und Monate sackt der Baum et-

Pflanzen von Obstgehölzen

Pflanzung eines Obstbaumes in vier Schritten:

1. Nach dem Ausheben der Pflanzgrube stellen wir einen Wühlmausschutzkorb in die Grube und schlagen den Stützpfahl in den Boden.
2. Den Baum beim Einsetzen in den Drahtkorb ein wenig rütteln, damit die Erde auch zwischen die Wurzeln fällt.
3. Das Pflanzloch kann jetzt vollständig gefüllt werden, vorher noch den Rand des Drahtkorbes nach innen falten.
4. Nach dem Anlegen eines Gießrandes den Baum kräftig wässern. Die Veredlungsstelle des Baumes muß eine Handbreit über der Bodenoberfläche liegen.

was nach unten, die Veredlungsstelle muß auch dann frei von Erde bleiben. Würde sie mit Erde bedeckt, bestünde die Gefahr der Wurzelbildung an der Veredlungsstelle. Nach dem Anbringen eines Wildverbißschutzes (Kunststoffspirale oder Drahthose) wird ein nicht zu dünnes Befestigungsband in Form einer liegenden Acht lose am Stützpfahl angebracht. Nach ein paar Monaten, wenn der Baum sich gesetzt hat, kann das Befestigungsband am Stützpfahl fest verankert werden.

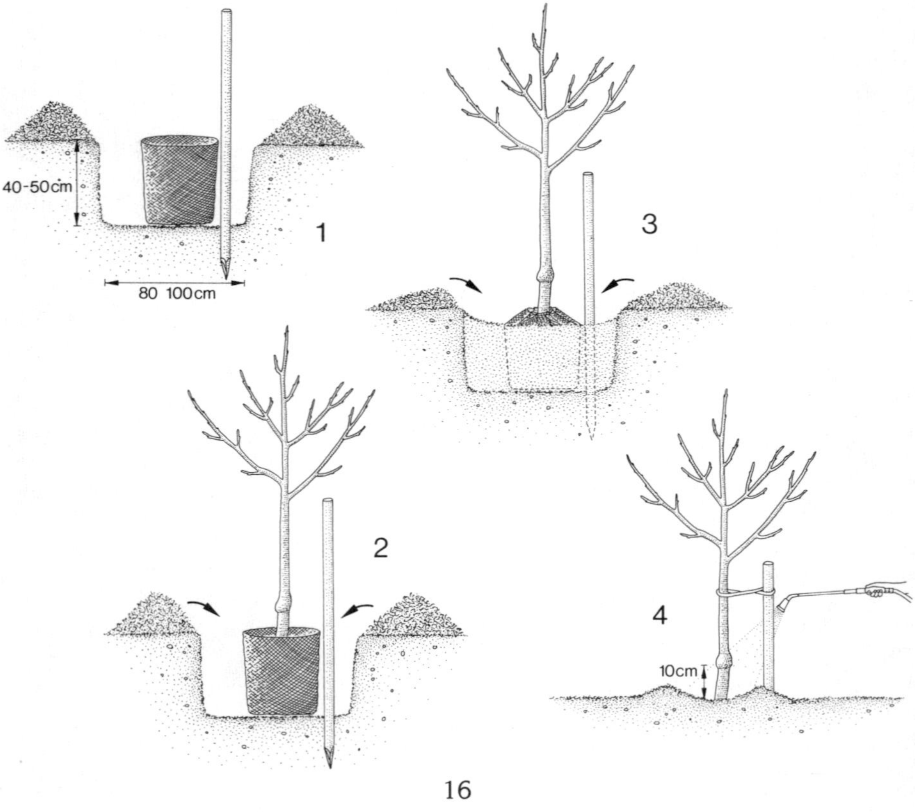

40-50cm

80 100cm

1

2

3

4

10cm

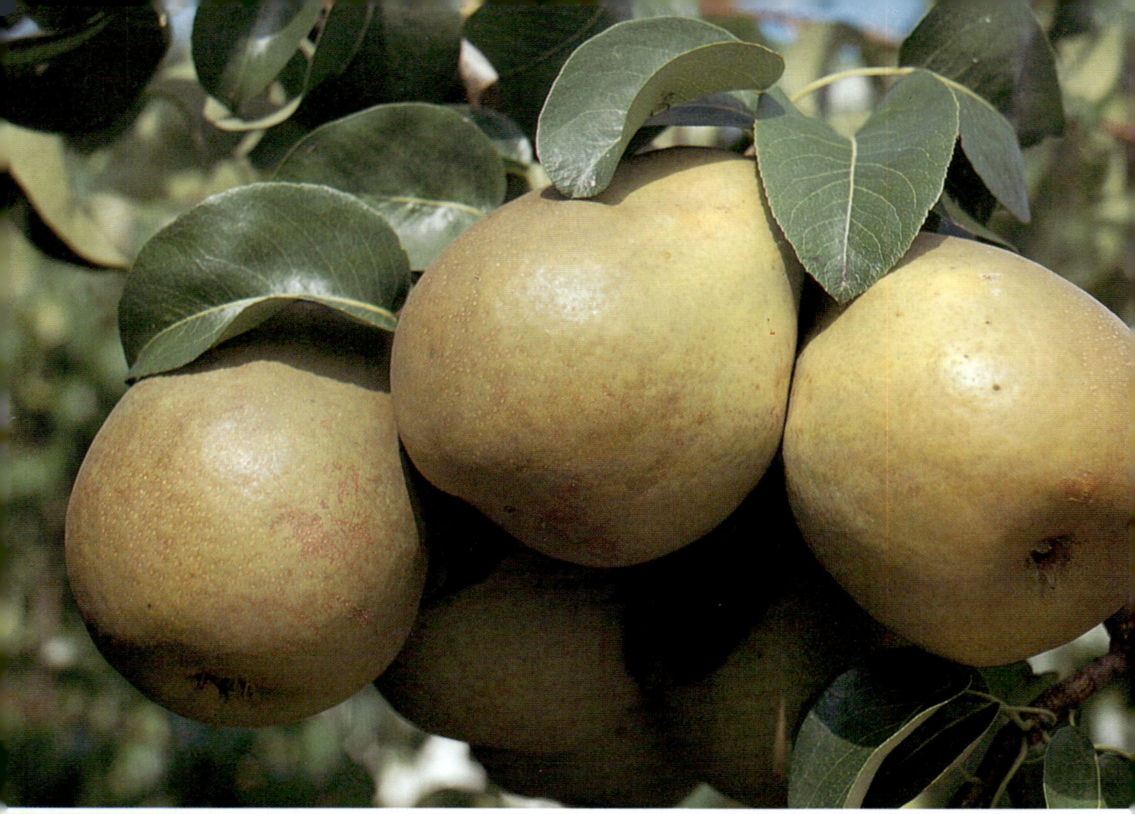
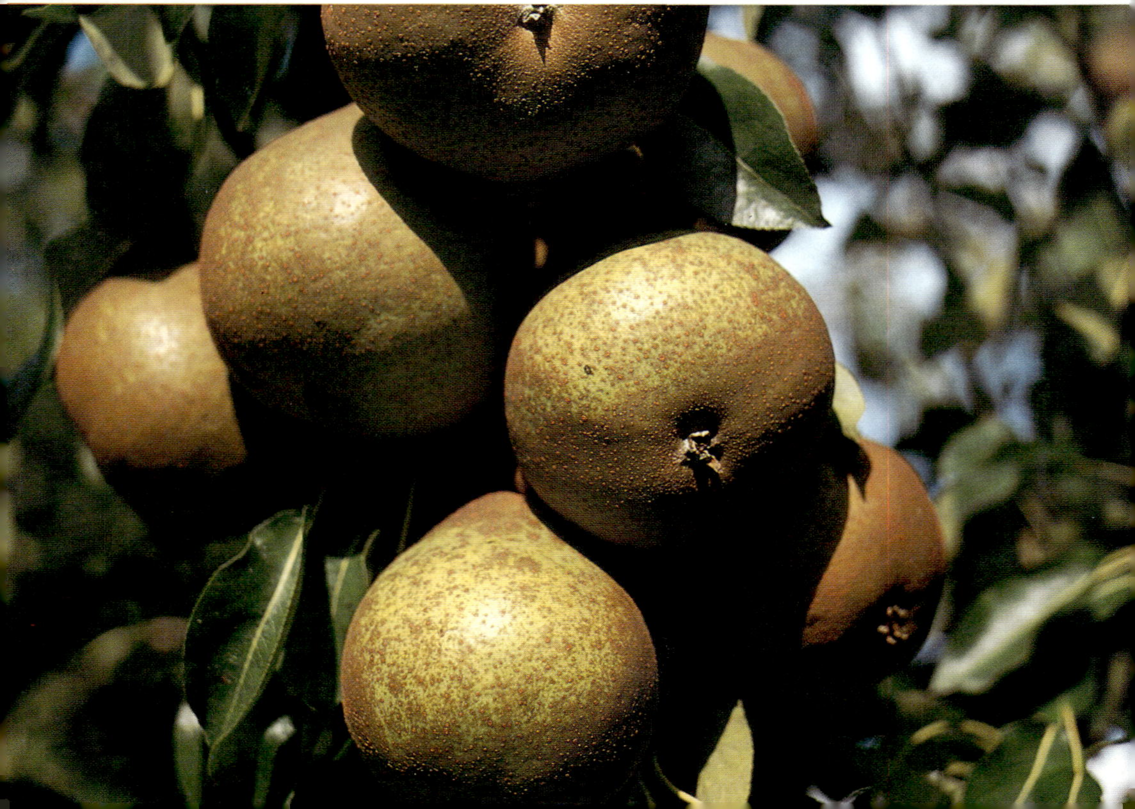

Im Frühjahr steht der Pflanzschnitt an (siehe Seite 20). Außerdem wird im Frühjahr eine Mulchabdeckung auf die Baumscheibe ausgebracht. Als Mulchmaterial eignen sich Rindenmulch, Grasschnitt, zerkleinertes Stroh oder halbverrotteter Kompost. Die Mulchabdeckung hält den Boden auch bei längerer Trockenheit feucht.

Der Wühlmausschutzkorb

Die Wühlmaus ist in den ersten Jahren eine der größten Gefahren für frisch gepflanzte Obstbäume und Jungbäume. Durch Wühlmausfraß an den Wurzeln gehen Jahr für Jahr zahlreiche junge Obstbäume zugrunde. Man erkennt einen wühlmausgeschädigten Obstbaum daran, daß das Laub trotz ausreichender Wasserversorgung bei Sonnenschein plötzlich schlaff herunterhängt. Der Baum läßt sich relativ leicht aus dem Boden ziehen, weil die Wurzeln abgefressen sind. Durch das Pflanzen der Jungbäume in Drahtkörbe ist es möglich, Schäden dieser Art weitestgehend zu vermeiden.
Als Material dient ein Drahtgeflecht (möglichst unverzinkt) mit einer Ma-

Seite 17:
Oben: 'Landsberger Renette'
Unten: 'Gravensteiner'

Seite 18:
Oben: 'Gellerts Butterbirne'
Unten: 'Josephine von Mecheln'

Wühlmausschutzkorb selbst herstellen: Als Baumaterial dient ein möglichst unverzinktes Drahtgeflecht. Zuerst ein 220 cm langes Stück Drahtgeflecht zu einem Kreis verbinden. Danach das Bodenteil (80 x 80 cm) durch Ineinanderhaken der offenen bzw. angeschnittenen Drahtmaschen am Ring befestigen.

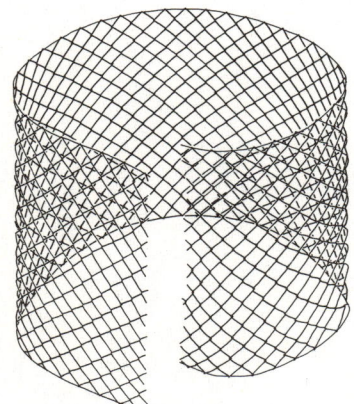

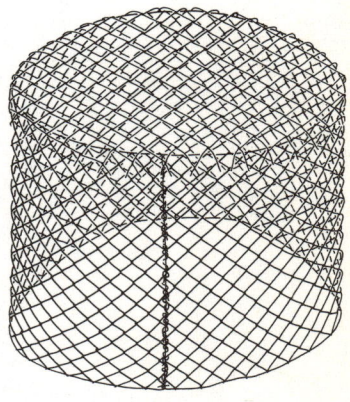

schenweite von 13 mm, ein sogenannter Kükendraht. Auf keinen Fall
darf das Drahtgeflecht kunststoffum-
mantelt sein. Die Breite des Geflech-
tes beträgt 80 bis 100 cm.

Zur Herstellung des Außenringes wird
ein 2,20 m langes Stück von der
Drahtrolle abgetrennt. Das Drahtgeflecht wird zu einem Ring gebogen,
die Kanten werden durch Ineinanderhaken der angeschnittenen Drahtmaschen miteinander verbunden.

Als Bodenteil dient ein 80 x 80 cm
großes Drahtstück. Ist die Drahtrolle
schmaler als 80 cm, müssen zwei Tei-
le zusammengefügt werden. An-
schließend werden die Ecken des Bo-
denteils um den Außenring gebogen

und durch Einhaken der offenen
Drahtmaschen am Außenring befe-
stigt. Alle Nahtstellen des Korbes
müssen jetzt fest miteinander verbunden sein, da sie sonst durch den
Druck des Erdreiches nach der Pflanzung aufplatzen können. Der Korb
darf an keiner Stelle eine Öffnung haben, die größer als 13 mm ist, sonst
könnten Wühlmäuse durch das
Drahtgeflecht schlüpfen und den
Baum schädigen.

Im Laufe der Zeit durchwurzelt der
Obstbaum den Schutzkorb, der nach
und nach im Boden verrottet. Danach
sollte der Obstbaum so kräftig sein,
daß die Wühlmäuse keinen Schaden
mehr anrichten können.

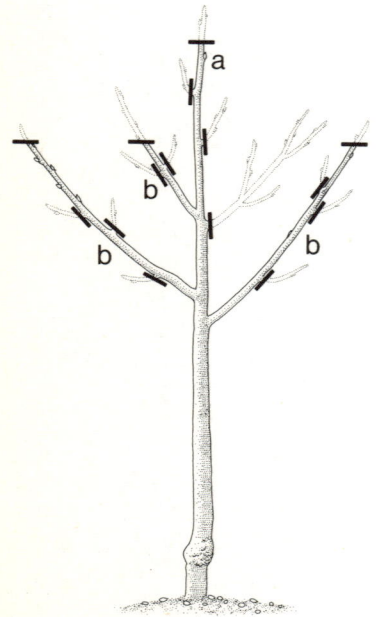

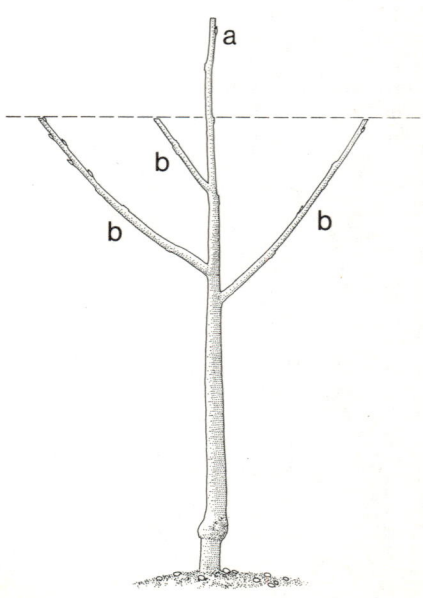

Der Pflanzschnitt

Nach der Pflanzung erfolgt im zeitigen Frühjahr (= erstes Standjahr) der Pflanzschnitt. Mit diesem Schnitt legt man die spätere Kronengestalt fest. Als Schnittwerkzeug benötigen wir lediglich eine gute Schere.
Zuerst werden am Obstbaum drei geeignete Leittriebe zum Kronenaufbau ausgewählt. Alle anderen Triebe schneidet man sauber am Stamm ab.

Linke Seite:
Pflanzschnitt im Frühjahr: Für den Kronenaufbau braucht man eine Stammverlängerung (a) und drei Leittriebe (b). Alle anderen Triebe werden sauber am Stamm abgeschnitten. Die Stammverlängerung überragt die Leittriebe nach dem Schnitt um ein Drittel.

Unten:
Das Diagramm zeigt den Baum nach dem Pflanzschnitt – von oben betrachtet (a = Stammverlängerung, b = Leittriebe)

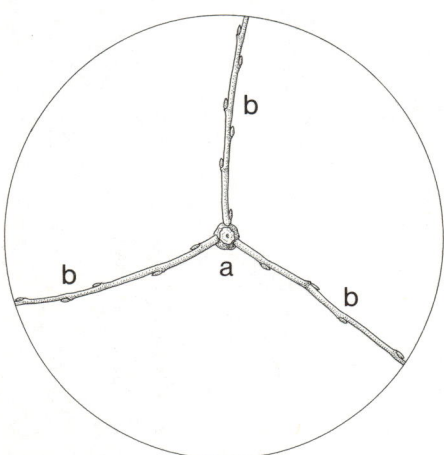

Beim Einkürzen der Leittriebe darauf achten, daß der Rückschnitt auf ein nach außen stehendes Auge erfolgt. Zu steil stehende Leittriebe können abgespreizt, zu flache hochgebunden werden. Die Stammverlängerung überragt die Leittriebe um ein Drittel. Mit dem zweiten Standjahr beginnt der Erziehungsschnitt. Ihm folgt in der Ertragsphase der Erhaltungsschnitt. Der daran anschließende Verjüngungsschnitt soll unter anderem den Obstbaum zu neuem Holzwachstum anregen. Ausführliche Informationen zum Schnitt von Obstbäumen finden Sie in »Obstgehölze schneiden« von Gerhard Thinnes und »Schnitt und Veredlung von Obstgehölzen« von Herbert Bischof, beide vom Franckh-Kosmos Verlag.

Pflanzung von Beerenobst

Beerenobst wird in der Regel im Frühjahr gepflanzt. Johannis- und Stachelbeeren sollten sehr zeitig gepflanzt werden, denn vor allem die Johannisbeeren treiben sehr früh aus. Johannisbeer-, Stachelbeer-, Brombeer- und Himbeertriebe werden bei der Pflanzung stark eingekürzt, der Pflanzabstand beträgt 150 cm. Erdbeeren mit Topfballen können vom Frühjahr bis in den Spätsommer mit einem Pflanzabstand von 30 bis 40 cm gesetzt werden.
Weinreben werden im Frühjahr gepflanzt, zu diesem Zeitpunkt erfolgt auch der Schnitt. Die Veredlungsstellen müssen nach der Pflanzung 10 bis 15 cm über dem Erdboden liegen.

Sortenporträts

Sommeräpfel

'Charlamowsky'

Synonyme: 'Augustapfel', 'Ernteapfel', 'Borowitzky', 'Borowicky', 'Duchess of Oldenburg', 'Charlamoff', 'Early Joe'. (In den USA oft nur Oldenburg genannt, daher Gefahr der Verwechslung mit Geheimrat Dr. Oldenburg, die in Deutschland oft einfach Oldenburg genannt wird.)
Herkunft: Südrußland, dort schon vor 1800 bekannt.
Baum: anfangs starker, später zunehmend schwächer werdender Wuchs; pyramidale Krone. Frosthartes Holz, aber etwas brüchig, daher sind Zweige mit hohem Fruchtbehang abzustützen. Geeignet für alle Baumformen, insbesondere für Busch und Halbstamm.
Standort: bei ausreichender Bodenfeuchtigkeit bis in höhere Lagen anbaufähig, auch für leichte und magere Böden geeignet.
Eigenschaften: trockener Boden fördert Mehltaubefall, bei zu schweren Böden krebs- und schorfanfällig. Früh einsetzender und hoher Ertrag; Verjüngungsschnitte durchführen, Baum kann sich sonst erschöpfen und vergreisen; im Sommer Fruchtausdünnung nötig. Windfeste Früchte.
Frucht: mittelgroßer, rundlicher, gleichmäßig gebauter Apfel. Schalenfarbe weißgelb mit hellroten Streifen,

'Charlamowsky', Abbildung von 1888

sonnenseits oft dunkelrot. Schneeweißes Fruchtfleisch. Erfrischender, teilweise sehr säuerlicher Geschmack. Pflückreife Mitte bis Ende August, Genußreife Ende August bis Mitte September. Guter Haushaltsapfel, vor allem für Apfelmus geeignet.

'Roter Astrachan'

Synonyme: 'Roter Augustapfel', 'Erdbeerapfel', 'Himbeerapfel', 'Kaiserlicher Kalvill', 'Rosenapfel', 'Roter Ernteapfel', 'Roter Jakobiapfel', 'Roter Kornapfel', 'Roter Sommerapfel'
Herkunft: ursprünglich russische Sorte; wurde 1780 in Schweden zum ersten Mal beschrieben. Seit Anfang

des 19. Jahrhunderts von dort aus weit verbreitet.

Baum: anfangs starker, danach nur noch mittelstarker Wuchs; hochkugelige, später breiter werdende Krone. Frosthartes Holz; vor allem für höhere Baumformen geeignet.

Standort: wenig Ansprüche an den Boden. Breit anbaufähig bis in mittlere Höhenlagen, jedoch allzu warme Lagen meiden.

Eigenschaften: krebsanfällig, in warmen Lagen häufig Pilzkrankheiten. Früh einsetzender und alternierender Ertrag; Früchte nicht windfest.

Frucht: kleiner bis mittelgroßer, rundlicher, gleichmäßig gebauter Apfel. Bei der Reife fast vollkommen rot verwaschen. Süßsäuerlicher Geschmack; unter der Schale oft leicht rötlich verfärbtes Fruchtfleisch. Pflück- und Genußreife Anfang August. Richtiger Erntezeitpunkt entscheidend, bei zu früher Pflückung fader und sehr saurer Geschmack, bei zu später Ernte mehlige Früchte. Guter Sommertafelapfel.

'Schöner aus Bath'

Synonyme: 'Schönheit aus Bath', 'Beauty of Bath', 'Bath'

Herkunft: Mitte des 19. Jahrhunderts als Zufallssämling in England entdeckt; seit Ende des 19. Jahrhunderts in Deutschland bekannt.

Baum: starker Wuchs; breitrunde Krone, etwas hängend und groß. Frosthartes Holz; gut geeignet für alle Baumformen.

Standort: bevorzugt nährstoffreiche, ausreichend feuchte Böden in geschützten Lagen; für höhere Lagen nicht geeignet.

Eigenschaften: anfällig für Mehltau, nicht anfällig für Krebs und Schorf; oft Befall mit der Obstmade. Frostempfindlich bei großer Nässe. Auf ungeeigneten Standorten ohne Auslichten der Krone nur kleine Früchte. Mittelfrüh einsetzender Ertrag; Früchte windfest.

Frucht: mittelgroßer, flachkugeliger, gleichmäßig gebauter Apfel von orangegelber und flächig roter Färbung. Säuerlicher und würziger Geschmack. Pflück- und Genußreife ab Anfang August. Wegen unterschiedlicher Reifezeit den Baum mehrmals durchpflücken. Sehr guter Sommertafelapfel.

'Weißer Klarapfel'

Synonyme: 'Grand Sultan', 'Livländischer Klarapfel', 'Klarapfel', 'Weißer Transparentapfel', 'Yellow Transparent' (die beiden letztgenannten stehen manchmal auch für den 'Apfel aus Croncels')

Herkunft: 1852 von Riga (Lettland) nach Frankreich eingeführt, von dort aus über ganz Europa verbreitet.

Baum: anfangs mittelstarker, dann zunehmend schwächer werdender Wuchs; Krone erst pyramidal, später breitkugelig. Frosthartes Holz; für alle Baumformen geeignet.

Standort: nährstoffreicher, feuchter und durchlässiger Boden. Breit anbaufähig bis in mittlere, auch rauhe Höhenlagen.

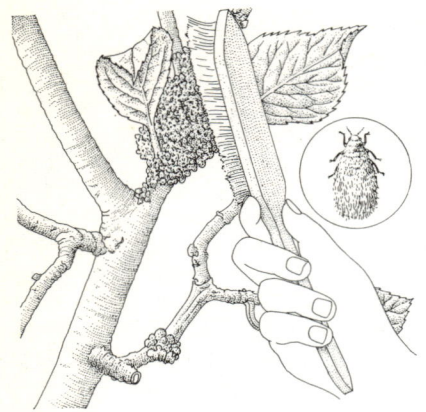

Blutläuse kann man von der Rinde des befallenen Baumes leicht abbürsten.

Eigenschaften: anfällig für Krebs, Mehltau und Blutlaus. Früh einsetzender Ertrag; Früchte nicht sehr windfest; oft vorzeitiger Fruchtfall.

Frucht: mittelgroße bis kleine, weißgrüne bis gelbgrüne Frucht von rundlicher, unregelmäßiger Gestalt. Breite Rippen verlaufen über die ganze Frucht. Erfrischend säuerlicher Geschmack mit leichtem Aroma. Pflück- und Genußreife ab Mitte Juli. Richtiger Erntezeitpunkt entscheidend, sonst mehliger Geschmack. Geeignet für Frischverzehr und Apfelmus.

Herbstäpfel

'Apfel aus Croncels'

Synonyme: 'Transparent aus Croncels', 'Durchsichtiger aus Croncels', 'Rosenapfel aus Croncels', 'Eisenapfel aus Croncels', 'Glasapfel', 'Weißer Transparentapfel', 'Yellow Transparent' (Namen stehen manchmal auch für den 'Weißen Klarapfel')

Herkunft: Mitte des 19. Jahrhunderts in Frankreich aus einem Sämling von 'Antonowka' (Sorte russischer Herkunft) gezogen, 1869 dem Handel übergeben. Namensgebung 'Apfel aus Croncels' im Jahre 1905 auf einer Versammlung des Deutschen Pomologenvereins in Frankfurt/Main.

Baum: starker und aufrechter Wuchs; kugelige und mittelgroße Krone. Frosthartes Holz, daher früher oft als Stammbildner verwendet; für alle Baumformen geeignet.

Standort: auf gutem Boden breit anbaufähig; Früchte nicht windfest, daher windoffene Lagen vermeiden.

Eigenschaften: in niederschlagsreichen und feuchten Gegenden schorfanfällig, in trockenen Lagen Mehltaugefahr; früh einsetzender Ertrag. Früchte nicht windfest; öfters verstärkter Vorerntefruchtfall.

Frucht: große bis mittelgroße, kugelige Frucht von zitronengelber Farbe, sonnenseits rötlich schimmernd. Feiner, süßsäuerlicher und würziger Geschmack; hoher Vitamin C-Gehalt. Pflück- und Genußreife ab Anfang September, lagerfähig für einige Wochen. Wirtschafts- und Tafelapfel.

'Biesterfelder Renette'

Synonyme: keine, manchmal nur 'Biesterfelder' genannt.
Herkunft: Zufallssämling aus dem 19. Jahrhundert, aufgefunden in der

Nähe von Schloß Biesterfeld bei Bad Pyrmont. Seit 1905 im Anbau, vor allem in Westfalen.

Baum: mittelstarker bis starker Wuchs; Krone breit ausladend. Frosthartes Holz; für alle Baumformen geeignet.

Standort: breit anbaufähig bis in höhere Lagen, auch auf sandigen Böden.

Eigenschaften: relativ widerstandsfähig gegen Krankheiten und Schädlinge, jedoch mehltauanfällig; Früchte stippeanfällig. Mittelspät einsetzender Ertrag; windfeste Früchte.

Frucht: große, breitrunde Frucht von gelblichgrüner, rotgestreifter oder verwaschener Farbe. Aromatischer, süßlicher Geschmack mit milder Säure, wohlschmeckend. Pflückreife Mitte September, Genußreife von Ende September bis Ende Oktober, Früchte nur begrenzt haltbar. Guter Tafelapfel.

'Danziger Kantapfel'

Synonyme: 'Bentleber Rosenapfel', 'Blutapfel', 'Erdbeerapfel', 'Himbeerapfel', 'Paradiesapfel', 'Roter Liebesapfel', 'Schwäbischer Rosenapfel', 'Florentinerapfel', 'Roter Kantapfel', 'Roter Apolloapfel', 'Lorenzapfel', 'Mainapfel', 'Rosenapfel', 'Kantapfel', 'Taffetapfel' (Österreich), 'Roter Kardinal', 'Tiefputz', 'Rosenhäger', 'Calviner', 'Abrahams Apfel'

Herkunft: sehr alte Sorte unbekannten Ursprungs, schon um 1760 in der Literatur erwähnt.

Baum: mittelstarker bis starker Wuchs; breite und flachkugelige Kro-

ne. Frosthartes Holz; hauptsächlich für höhere Baumformen geeignet.

Standort: relativ anspruchslos, sandige, trockene Böden und warme Lagen jedoch meiden; auch für rauhe Höhenlagen geeignet.

Eigenschaften: krebs- und schorfanfällig; spät einsetzender Ertrag. Zu hohe Behangdichten bringen viele kleine Früchte mit unbefriedigendem Geschmack; Früchte windfest.

Frucht: mittelgroße, flachkugelige, ungleichmäßig gebaute, rote Frucht. Sortentypisch ist eine scharfe Naht auf einer Fruchthälfte; rippiges Relief. In Schalennähe oft rötlich gefärbtes Fruchtfleisch. Säuerlich-süßlicher, leicht würziger und erfrischender Geschmack. Pflückreife ab Ende September, Genußreife ab Oktober, Lagerfähigkeit bis Ende Dezember. Guter Haushaltsapfel.

'Grahams Jubiläumsapfel'

Synonyme: 'Royal Jubilee' (ursprünglicher Name), 'Grahams Königin-Jubiläumsapfel', 'Graham'

Herkunft: in England in der zweiten Hälfte des 19. Jahrhunderts gezogen. 1888 erste Früchte; seit 1893 im Handel.

Baum: mittelstarker Wuchs; breite und große Krone. Frosthartes Holz; für höhere Baumformen geeignet. Verjüngungsschnitte erst spät bei alten Bäumen nötig. Kerne oft als Saatgut für Apfelsämlinge genutzt.

Standort: breit anbaufähig, wächst noch in Gebirgslagen. Außer für den Hausgarten auch gut geeignet für

Streuobst und die bäuerliche Obstwiese.

Eigenschaften: nicht anfällig für Mehltau und Schorf. Früh einsetzender und regelmäßig mittelhoher Ertrag; Früchte nicht windfest.

Frucht: große bis sehr große, hochgebaute, gelbe Frucht. Leicht säuerlicher, mäßig süßer und leicht aromatischer Geschmack. Pflückreife ab Mitte September, Genußreife ab Ende September, Lagerfähigkeit bis Dezember. Hauptsächlich Wirtschaftsapfel; gut geeignet für Apfelmus und Saft, als Kuchenbelag und zum Einwecken.

Apfel mit Schorfflecken, Abbildung von 1888

'Gravensteiner'

Synonyme: 'Blumenkalvill', 'Diels Sommerkönig', 'Ernteapfel', 'Grafenapfel', 'Haferapfel', 'Sommerkalvill', 'Stroemling', 'Graasten'

Herkunft: sehr alte Sorte, seit 1669 von Gravenstein bei Apenrade (Dänemark) aus verbreitet; eigentliche Herkunft umstritten. Bildete zahlreiche Mutanten, unter anderem den 'Roten Gravensteiner' (seit 1858 bekannt), der allerdings nicht so gut im Geschmack ist.

Baum: starker Wuchs; breit ausladende Krone. Nebentriebe nicht schneiden, um die Fruchtholzbildung zu fördern. Frostharter Stammbildner vermeidet Winterfrostschäden. In erster Linie für höhere Baumformen geeignet, aber auch Buschform möglich.

Standort: benötigt nährstoffreiche, tiefgründige, durchlässige und gleich-

mäßig feuchte Böden. Auf ungeeigneten Standorten kommt es leicht zu verstärktem Fruchtfall. Typisch norddeutsche Liebhabersorte für Hausgarten und Obstwiese.

Eigenschaften: mehltau- und schorfanfällig, weniger krebsanfällig. Spät einsetzender, mittelhoher Ertrag; Früchte nicht besonders windfest, daher tritt oftmals hoher Vorerntefruchtfall auf.

Frucht: mittelgroßer bis großer, grobkantiger, ungleichmäßig runder Apfel; Schalenfarbe gelblichgrün, sonnenseits karminrot geflammt, stark duftend. Saftiger, würziger, süßweinsäuerlicher und sehr aromatischer Geschmack. Pflück- und Genußreife ab Anfang September, Lagerfähigkeit bis Ende November. Hervorragender Tafelapfel, auch sehr gut geeignet als Haushaltsapfel für Saft, Apfelmus und als Kuchenbelag.

'Jakob Lebel'

Synonyme: 'Jacques Lebel', 'Gelber Mecklenburger', 'Eisenbahner'
Herkunft: um 1825 von Jacques Lebel in Frankreich als Zufallssämling entdeckt; 1849 dem Handel übergeben.
Baum: sehr starker Wuchs; schirmförmig breite Krone. Vor allem geeignet für Halb- und Hochstamm mit Stammbildner, da die Sorte zu krummen Stämmen neigt; Holz nur mäßig frosthart.
Standort: bevorzugt mittlere und leichte Böden; mittlere Höhenlagen noch geeignet, sollten aber windgeschützt sein.
Eigenschaften: wenig mehltau-, dafür aber schorfanfällig; auf schweren, feuchten Böden Krebsgefahr. Mittelfrüh einsetzender, alternierender Ertrag. Früchte nicht windfest.
Frucht: große bis sehr große, breitkugelige, flachgebaute Frucht. Fettige Schale von gelblichgrüner bis gelblichroter, geflammter Farbe. Säuerlicher und sehr saftiger Geschmack. Pflückreife Mitte bis Ende September, Genußreife ab Oktober, Lagerfähigkeit bis Januar. Vielseitig verwendbar.

'Roter Herbstkalvill'

Synonyme: 'Himbeerapfel', 'Erdbeerapfel', 'Granatapfel', 'Kirschapfel', 'Brautapfel', 'Rosenapfel', 'Blutapfel', 'Roter Paradiesapfel', 'Jungfernapfel', 'Roter Kardinal', 'Edelkönig', 'Fürstenblut', 'Dörroden', 'Flambaux'
Herkunft: sehr alte Sorte, wahrscheinlich aus Frankreich. Erstmals 1670 als 'Calville Rouge d'Automne' beschrieben.
Baum: starker Wuchs; Krone breitpyramidal. Frosthartes Holz; nur als Halb- oder Hochstamm auf einer Sämlingsunterlage ('Grahams Jubiläumsapfel') heranziehen.
Standort: auch geeignet für Höhenlagen, moorige Lagen und Auenböden; verlangt guten, feuchten Boden. In erster Linie für extensiven Streuobstanbau als Liebhabersorte.
Eigenschaften: anfällig für Schaderreger; spät einsetzender Ertrag, bekannt als »fauler Träger«. Auf trockenen Böden kümmerlicher Wuchs; Früchte nicht windfest.
Frucht: mittelgroße bis große, kugelige bis flachrunde, unregelmäßig gebaute Frucht. Stark ausgeprägte Rippen verlaufen über ganze Frucht. Dunkelrote Schalenfarbe, Schale extrem wachsig; Fruchtfleisch blutrot marmoriert. Mild süßsäuerlicher, etwas himbeerartig gewürzter Geschmack. Pflückreife ab Mitte bis Ende September, Genußreife ab Anfang Oktober, Lagerfähigkeit bis November. Guter Tafelapfel.

'Signe Tillisch'

Synonyme: keine (dänische Schreibweise: 'Signe Tillish')
Herkunft: 1866 vom Pomologen Tillish in Jütland, Dänemark, aufgefunden und nach seiner Tochter Signe benannt; 1884 dem Handel übergeben. Als Muttersorte wird 'Weißer Winterkalvill' vermutet.
Baum: starker Wuchs; breite und

große Krone. Frosthartes Holz; geeignet für alle Baumformen, auch als Pfropfpartner für ältere Bäume.
Standort: feuchter, durchlüfteter und nährstoffreicher Boden. Anbaubreite von Schweden bis Südwestdeutschland, an der Küste und in mittleren Höhenlagen.
Eigenschaften: im Weinklima mehltauanfällig, in niederschlagsreichen Gegenden schorfgefährdet. Mittelspät einsetzender, mittelhoher Ertrag; Früchte relativ windfest.
Frucht: mittelgroße bis große, gleichmäßig gebaute, breitrunde, gelbe Frucht. Fünf teilweise kräftige Kanten laufen über die ganze Frucht. Fein süßsäuerlicher und aromatischer Geschmack. Pflück- und Genußreife ab Mitte September, einige Wochen haltbar. Sehr guter Tafelapfel.

Herbst-/Winteräpfel

'Berner Rosenapfel'

Synonyme: 'Neuer Berner Rosenapfel' (ursprünglicher Name), 'Rose de Berne'
Herkunft: 1888 als Zufallssämling in der Schweiz aufgefunden.
Baum: mittelstarker Wuchs, in späteren Jahren schwächer werdend; Krone hochkugelig. Regelmäßig durchgeführter Verjüngungsschnitt beugt vorzeitiger Vergreisung vor. Für alle Baumformen geeignet; frosthartes Holz.
Standort: nährstoffreicher und genügend feuchter Boden, auch für Höhenlagen über 800 Meter. Eher ge-

eignet für Streuobst und Obstwiese als für den Hausgarten.
Eigenschaften: anfällig für Krebs, Mehltau und Schorf. Früh einsetzender und regelmäßig hoher Ertrag; Fruchtausdünnung ratsam; windfeste Früchte.
Frucht: mittelgroße bis kleine, rundliche, hochgebaute Frucht. Grundfarbe grüngelb; mit zunehmender Reife erscheint Schalenfarbe dunkelviolett verwaschen und bläulich bereift mit hellen Schalenpunkten. Süßsäuerlicher, leicht aromatischer Geschmack. Pflückreife ab Ende September/Anfang Oktober, Genußreife ab Ende Oktober, Lagerfähigkeit bis Ende Dezember/Anfang Januar. Most- und Tafelapfel.

'Gelber Edelapfel'

Synonyme: 'Gelber Scheibenapfel', 'Glasapfel', 'Glasrenette', 'Plattapfel', 'Zitronenapfel', 'Wachsapfel', 'Golden Noble' (ursprünglicher Name)
Herkunft: um 1800 in England als Zufallssämling aufgefunden.
Baum: mittelstarker bis starker Wuchs; schirmförmige Krone. Frosthartes Holz; geeignet als Halb- und Hochstamm.
Standort: breit anbaufähig von der Küste bis in die Höhenlagen. Bei zu feuchtem Boden Gefahr von Krebs, bei trockenem Boden verstärkter Fruchtfall.
Eigenschaften: widerstandsfähig gegen Schorf und Mehltau. Mittelfrüh einsetzender, regelmäßig guter Ertrag. Früchte nicht sehr windfest.

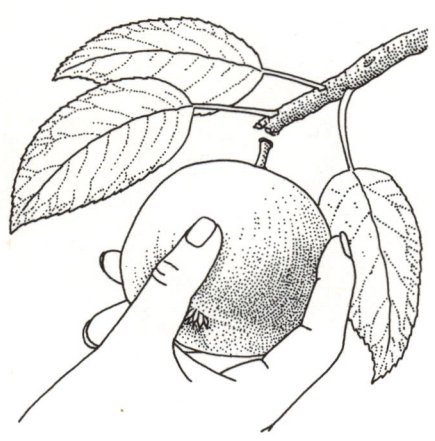

Läßt sich der Stiel der Apfelfrucht durch Drehen leicht ablösen, sind die Früchte erntereif.

Frucht: mittelgroße bis große, breitrunde, gleichmäßig gebaute, zitronengelbe Frucht von säuerlichem Geschmack; hoher Vitamin-C Gehalt. Pflückreife ab Ende September, Genußreife ab Oktober, Lagerfähigkeit bis Januar. Guter Wirtschaftsapfel (Tortenbelag).

'Prinzenapfel'

Synonyme: 'Ananasapfel', 'Flaschenapfel', 'Glockenapfel', 'Haferapfel', 'Schlotterapfel', 'Klapperapfel', 'Jerusalemapfel', 'Melonenapfel', 'Walzenapfel', 'Berliner', 'Hasenkopf', 'Immerträger', 'Katzenkopf', 'Schafsnase', 'Hasenschnäuzchen'
Herkunft: vor allem in Norddeutschland verbreitete alte Sorte; 1788 erstmals beschrieben.
Baum: mittelstarker Wuchs; hochkugelige Krone. Nur als Halb- und Hochstamm; frosthartes Holz. Sehr langlebiger Baum.
Standort: sehr gut geeignet für Küstengebiete und Gebirgslagen; bevorzugt feuchte und nahrhafte, keinesfalls trockene Böden.
Eigenschaften: allgemein widerstandsfähig, ältere Bäume neigen jedoch zu Krebsbefall. Früh bis mittelfrüh einsetzender, regelmäßig mittelhoher Ertrag; Früchte nicht sehr windfest.
Frucht: Fruchtgröße variabel, in der Regel mittelgroß; walzenförmige, länglich hochgebaute Gestalt. Schalenfarbe gelblich, sonnenseits rötlich gestreift, verwaschen und marmoriert. Fein süßsäuerlicher, gewürzter Geschmack; duftet wie Ananas. Pflückreife ab Ende September/Anfang Oktober, Genußreife ab Mitte Oktober, Lagerfähigkeit bis Januar. Tafel- und Wirtschaftsapfel; sehr gut zum Dörren geeignet.

'Rote Sternrenette'

Synonyme: 'Calville Etoilee' (ursprünglicher Name), 'Rote Herbstrenette', 'Herzapfel', 'Starrenette', 'Renette Rouge Etoilee', 'Roter Weihnachtsapfel' (Rheinland, Westfalen)
Herkunft: genaue Herkunft nicht geklärt, bekannt seit mindestens 1820. In Deutschland vom Niederrhein aus verbreitet.

Baum: anfangs schwacher, später stärker werdender Wuchs; breit ausladende Krone. Robust gegen Frost; für Halb- und Hochstamm mit einem Stammbildner geeignet. Baum kann sehr alt werden.

Standort: breit anbaufähig; bei ausreichender Bodenfeuchtigkeit auch für offene Lagen und mittlere Höhenlagen.

Eigenschaften: unempfindlich gegen Krebs, Mehltau und Schorf. Mittelspät einsetzender Ertrag; Früchte nicht sehr windfest.

Frucht: mittelgroße, kugelrunde, gleichmäßig gebaute, rote Frucht. Typisch sind auffällige Schalenpunkte als Roststernchen oder Dreiecke, die öfters hell umhöft sind. Süßsäuerlicher, leicht aromatischer und ein wenig parfümierter Geschmack. Pflückreife ab Ende September/Anfang Oktober, Genußreife ab Mitte Oktober, Lagerfähigkeit bis Ende Dezember/Anfang Januar. Überwiegend Tafelapfel, als Mostapfel noch brauchbar, für Apfelmus nicht geeignet, da braun werdend.

Winteräpfel

'Ananasrenette'

Synonyme: keine

Herkunft: wahrscheinlich als Zufallssämling in den Niederlanden entstanden; im Rheinland seit 1820 bekannt. 1826 erstmals vom Pomologen Diel beschrieben. Auf der 2. Versammlung deutscher Pomologen 1857 in Gotha zum allgemeinen Anbau empfohlen.

'Ananasrenette', Abbildung von 1888

Baum: mittelschwacher bis mittelstarker Wuchs; dicktriebig. Krone kompakt und hochgebaut; nicht besonders groß werdend. Wenig frosthartes Holz; besonders für niedrige Baumformen geeignet, Halbstamm auf frostharten Stammbildner veredeln.

Standort: bevorzugt warme, nährstoffreiche Standorte; auch für mittlere Höhenlagen geeignet.

Eigenschaften: anfällig für Krebs, Mehltau und teilweise für Holzfrost (später Triebabschluß). Früh bis mittelfrüh einsetzender und regelmäßig guter Ertrag. Fruchtausbildung unterschiedlich, Krone muß daher laufend ausgelichtet werden; Früchte windfest.

Frucht: kleine bis mittelgroße, walzen- bis eiförmige, hochgebaute, zitronengelbe Frucht. Typisch sind viele große, sternförmige, dichtstehende Lentizellen als grau umhöfte Rostpunkte. Säuerlicher Geschmack, sortentypisch aromatisch. Pflückreife Mitte bis Ende Oktober, Genußreife ab November, Lagerfähigkeit bis März. Guter Tafelapfel.

'Boikenapfel'

Synonyme: 'Echter Boiken', 'Boiken'; andere, jeweils selbständige Sorten sind 'Krautsander Boiken', 'Neuhäuser Boiken', 'Rheders Boiken' und 'Riesenboiken'.

Herkunft: Zufallssämling aus dem Umland Bremens, benannt nach dem dort ansässigen Deichvogt Boiken, der den Apfel entdeckt haben soll. 1828 erstmals vom Hamburger Magister Schroeder beschrieben.

Baum: mittelstarker Wuchs; breitkugelige Krone. Im allgemeinen frosthartes Holz; für höhere Baumformen geeignet. Bäume werden sehr alt.

Standort: überwiegend dem norddeutschen Klima angepaßte Sorte, inzwischen jedoch in ganz Deutschland verbreitet; auch in Höhenlagen bis an die Grenze apfelanbaufähiger Standorte. Benötigt nährstoffreiche, feuchte Böden; trockene und warme Standorte kommen nicht in Frage.

Eigenschaften: örtlich mehltau- und schorfanfällig; bei guten Standortbedingungen jedoch relativ unempfindlich gegen Frost, Krankheiten und Schädlinge; vereinzelt leichte Holzfrostschäden. Mittelhoher, mittelspät einsetzender, alternierender Ertrag; Früchte wind- und sturmfest.

Frucht: mittelgroße bis große, flachrunde bis leicht hochgebaute, etwas unregelmäßig geformte Frucht mit fünf kräftigen, vom Kelch ausgehenden Rippen von grünlichgelber bis wachsgelber Farbe, sonnenseits teilweise rötlich verwaschen; Schale bei Vollreife wachsig. Erfrischender, wachsiger und weinsäuerlicher Geschmack. Pflückreife ab Ende Oktober, Genußreife ab Januar, Lagerfähigkeit bis in den Sommer hinein. Universaldauerapfel für alle Zwecke.

'Champagner Renette'

Synonyme: 'Drei Jahre dauernder Mutterapfel', 'Glattapfel' (Elsaß), 'Herrenapfel', 'Käsapfel', 'Mutterapfel', 'Räbenapfel', 'Silberapfel', 'Weißer Zwiebelapfel', 'Zwiebelapfel', 'Loskrieger', 'Goldgranater', 'Schätzler', 'Wachsrenette', 'Zweijährling'.

Herkunft: stammt aus der Champagne (Frankreich). Schon 1799 vom Pomologen Diel als 'Loskrieger' beschrieben.

Baum: mittelstarker Wuchs, mit zunehmendem Alter schwächer werdend; pyramidale, aufrechte und kompakte Krone. Mäßig frosthartes Holz; für alle Stammformen geeignet. Für höhere Baumformen frostharten Stammbildner verwenden.

Standort: nährstoffreicher, genügend feuchter und gut durchlüfteter Boden; bei ausreichender Wärme auch höhere Lagen möglich.

Eigenschaften: anfällig für Schorf, an ungeeigneten Standorten Krebs- und Blutlausbefall. Früh einsetzender und guter Ertrag; windfeste Früchte.

Frucht: kleine bis mittelgroße, flache, plattrunde, gleichmäßig gebaute, hell zitronengelbe, sonnenseits oft leicht rosa verwaschene Frucht. Säuerlicher Geschmack mit leichtem Aroma. Pflückreife ab Ende Oktober, Genußreife ab Januar, Lagerfähigkeit bis Mai. Tafel- und Wirtschaftsapfel.

'Goldrenette Freiherr von Berlepsch'

Synonyme: 'Freiherr von Berlepsch', 'Berlepsch Goldrenette', 'Berlepsch'
Herkunft: um 1880 vom Pomologen Dietrich Uhlhorn jun. in Grevenbroich (Niederrhein) aus einem Sämling der Kreuzung 'Ananasrenette' x 'Ribston Pepping' gezogen.
Baum: mittelstarker bis starker Wuchs; breitkugelige Krone. Für alle Baumformen geeignet; für Halb- und Hochstamm frostharten Stammbildner verwenden.
Standort: breit anbaufähig auf feuchten, warmen und nährstoffreichen Böden.
Eigenschaften: krebsanfällig, wenig anfällig für Mehltau und Schorf. Früh einsetzender und regelmäßig mittelhoher Ertrag. Auf trockenen Böden vorzeitiger Fruchtfall; Früchte relativ windfest.
Frucht: mittelgroße bis kleine, flach-kugelige, zum Kelch hin gerippte Frucht. Schalenfarbe goldgelb, sonnenseits orangerot bis rot verwaschen oder gestreift. Geschmack edelaromatisch, feinwürzig und süßsäuerlich; hoher Vitamin-C Gehalt. Pflückreife ab Mitte Oktober, Genußreife ab Anfang November, Lagerfähigkeit bis März. Früchte lassen sich gut in Folienbeuteln lagern. Sehr gute Tafelsorte.

'Großer Rheinischer Bohnapfel'

Synonyme: 'Anhalter', 'Jockerle', 'Bohnapfel'
Herkunft: Zufallssämling aus dem Neuwieder Becken (Niederrhein), schon 1880 angebaut.
Baum: starker Wuchs; breitkugelige Krone. Frosthartes Holz; geeignet für Halb- und Hochstamm.
Standort: relativ anspruchslos und anpassungsfähig; in Höhenlagen bis zu 800 Meter anbaufähig.
Eigenschaften: krebs- und schorfanfällig; mittelspäter, alternierender Ertrag. Früchte windfest.
Frucht: mittelgroße bis kleine, hochgebaute und faßförmige Frucht von gelbgrüner, sonnenseits braunroter, verwaschener Farbe. Säuerlicher Geschmack mit leichtem Aroma. Hartes Fruchtfleisch. Ausgezeichneter Wirtschaftsapfel, vor allem zum Mosten. Pflückreife ab Ende Oktober/Anfang November, Verwertungsreife als Wirtschaftsapfel von November bis Februar. Als Tafelapfel genußreif von Februar bis Juni.

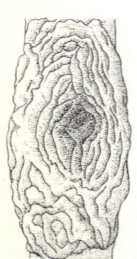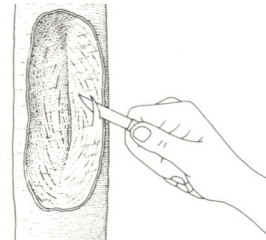

Bei Befall mit Obstbaumkrebs muß die Schnittstelle nach dem Ausschneiden mit Wundverschlußmittel verstrichen werden. Links Krebsbefall, rechts ausgeschnittene Krebswunde.

'Kanadarenette'

Synonyme: sehr viele, unter anderem 'Pariser Rambour', 'Portugal Apfel', 'Sternrenette', 'Lederapfel', 'Weiberrenette', 'Weiße Antillische Renette', 'Butterapfel', 'Rabau', 'Rostapfel', 'Schmalzapfel'

Herkunft: Zufallssämling, wahrscheinlich aus Frankreich oder England stammend. Sehr alte Sorte, wurde bereits 1771 in Frankreich beschrieben.

Baum: starker bis mittelstarker Wuchs; Krone groß, kompakt, schirmförmig bis flachkugelig mit hängenden Fruchtästen. Frostempfindliches Holz; für alle Baumformen geeignet, höhere brauchen einen frostharten Stammbildner.

Standort: nährstoffreicher, mäßig feuchter und gut durchlüfteter Boden. In warmen Lagen bessere Fruchtqualität; auch für windoffene Lagen geeignet.

Eigenschaften: Die Sorte gilt als anfällig für Krebs, nicht jedoch für Schorf und Mehltau. Mittelspät einsetzender und guter Ertrag; windfeste Früchte.

Frucht: große bis sehr große, flachkugelige, breitrunde, mit Kanten versehene Frucht von gelbgrüner und orange-braunroter, verwaschener Farbe; Schale berostet. Milder, süßsäuerlicher und aromatischer Geschmack. Pflückreife ab Ende Oktober, Genußreife ab Dezember, Lagerfähigkeit bis April/Mai. Sehr gut lagerfähig in Folienbeuteln. Als Tafel- und Wirtschaftsapfel auf vielerlei Art verwendbar.

'Krügers Dickstiel'

Synonyme: 'Celler Dickstiel' (Norddeutschland), 'Feldkirchner Renette' (Bayern), 'Woltmanns Renette', 'Sulzbacher Liebling', 'Krügers Goldrenette', 'Großvaterapfel' (Bremen), 'Achimer Goldrenette', 'Donnerhorster', 'Woltmanns Herbstrenette'

Herkunft: ursprünglich aus Mecklenburg, kam vor 1850 als früchte- und namenloser Baum nach Zeven bei Bremen. 1852 vom Pomologen Oberdiek zum ersten Mal beschrieben. Soll mit dem 'Königlichen Kurzstiel' verwandt sein.

Baum: schwacher Wuchs; kleinbleibende und rundlich wachsende Krone. Frosthartes Holz; Halb- und Hochstämme sollten mit Stammbildner veredelt werden.

Standort: keine besonderen Ansprüche, gut geeignet für leichtere Böden und rauhe Lagen.

Eigenschaften: widerstandsfähig gegen Krebs und Schorf; in warmen Lagen anfällig für Mehltau und Stippigkeit. Spät einsetzender und regelmäßig guter Ertrag; windfeste Früchte.

Frucht: mittelgroße, rundliche und gleichmäßig gebaute Frucht. Anfangs grüngelber, später hellgelber, sonnenseits mattrot geflammter oder verwaschener, grün gestreifter und oft ins Silbergraue übergehender Apfel. Auffällig weißes Fruchtfleisch von erfrischend säuerlichem Geschmack. Pflückreife Anfang bis Mitte Oktober, Genußreife ab Ende Oktober, Lagerfähigkeit bis Februar. Guter Tafel- und Wirtschaftsapfel.

'Landsberger Renette' ▲

Synonyme: keine, wird oft einfach 'Landsberger' genannt.
Herkunft: um 1850 in Landsberg a. d. Warthe (Polen) aus einem Sämling gezogen; erste Früchte 1852.
Baum: kräftiger Wuchs; Krone breitkugelig, mit zunehmendem Alter hängend. Frosthartes Holz; für alle Baumformen geeignet.
Standort: breit anbaufähig auf nährstoffreichen, durchlässigen und mäßig feuchten Böden. Gut geeignet für rauhe und windige Höhenlagen.
Eigenschaften: Trockene und warme Lagen fördern starken Mehltaubefall; auf ungeeigneten Böden krebs- und schorfanfällig. Früh einsetzender und regelmäßig mittelhoher Ertrag; windfeste Früchte.
Frucht: mittelgroße bis große, abgestumpfte, kugelige bis plattrunde, gelblichgrüne, sonnenseits orangerote Frucht. Säuerlichsüßer Geschmack mit feinem, zartem Aroma. Pflück- und Genußreife ab Mitte/Ende Oktober, Lagerfähigkeit bis Ende Januar. Tafel- und Wirtschaftsapfel.

'Ontario'

Synonyme: keine
Herkunft: um 1820 in Kanada aus einer Kreuzung 'Wagenerapfel' x 'Northern Spy' hervorgegangen. 1874 erstmals beschrieben; seit 1882 in Europa verbreitet.
Baum: mittelstarker Wuchs, in späteren Jahren schwächer werdend; kleine und kugelige Krone. Halb- und Hochstamm müssen auf frosthartem Stammbildner stehen, da das Holz sehr frostempfindlich ist; für alle Baumformen geeignet.
Standort: breit anbaufähige Sorte; Frost- und Höhenlagen sowie allzu warme und trockene Lagen sind ungünstig.
Eigenschaften: bei feuchten Bodenverhältnissen Krebsgefahr; in warmen Lagen mehltauanfällig. Früh einsetzender und guter Ertrag; windfeste Früchte.
Frucht: große bis sehr große, flache und breite, kantige Frucht; Rippen verlaufen über die Frucht. Schalenfarbe gelblichgrün, später heller, sonnenseits rot gestreift, geflammt oder verwaschen. Erfrischend säuerlicher Geschmack, sehr saftig mit leichtem Aroma. Pflückreife ab Ende Oktober/Anfang November, Genußreife ab Januar, Lagerfähigkeit bis Mai. Guter Daueapfel für alle Verwendungszwecke.

'Purpurroter Cousinrot'

Synonyme: 'Blutapfel', 'Eisenapfel', 'Roter Taffetapfel', 'Englische Büschelrenette', 'Gemeine Renette',

Alte Sorten, gezeichnet im letzten Jahrhundert

Ribston Pepping

Gute Luise von Avranches

Ochsenherzkirsche

Hedelfinger Riesenkirsche

Charlamowsky   Danziger Kantapfel

Prinzenapfel

Champagner Renette   Purpurroter Cousinrot

Kanadarenette   Boikenapfel

Schöner aus
Boskoop

Roter Eiserapfel   Ananasrenette

Italienische Zwetschge

Große Grüne Reneklode

Nancyaprikose

Kirkes Pflaume

'Jagdapfel', 'Kastanienapfel', 'Koller-apfel', 'Römerling', 'Roter Henscher', 'Rote Renette', 'Zwiebelapfel', 'Winter-cousinrot', 'Roter Pilgrim'
Herkunft: sehr alte Sorte; seit dem 16. Jahrhundert bekannt. Früher ein typischer Weihnachtsapfel; oftmals mit 'Roter Jungfernapfel' verwechselt.
Baum: mittelstarker, sehr gerader Wuchs; Krone pyramidal. Für höhere Baumformen geeignet; frosthart. Wegen der guten Eigenschaften oft als Stammbildner verwendet.
Standort: auch für Höhenlagen bis 1000 Meter geeignet; relativ anspruchslos gegenüber Boden und Klima.
Eigenschaften: etwas schorf- und krebsanfällig. Früh einsetzender und regelmäßig guter Ertrag; Früchte windfest.
Frucht: kleiner, gleichmäßig hochgebauter Apfel von purpurroter Farbe, verwaschen bis gestreift. Saftiger, leicht gewürzter, säuerlichsüßer Geschmack. Pflückreife ab Mitte Oktober, Genußreife ab Weihnachten, Lagerfähigkeit bis in den Sommer; Universalapfel für alle Verwendungszwecke.

'Ribston Pepping'

Synonyme: 'Englische Granatrenette', 'Gestreifte Goldrenette', 'Goldmohr', 'Travers Renette', 'Goldrabau', 'Kaiserrenette', 'Lederapfel', 'Muskatrenette', 'Goldrenette', 'Granatrenette'
Herkunft: Samen gelangte um 1700 von Nordfrankreich nach England, der Mutterbaum soll dort bis 1835

gestanden haben. 'Cox Orangenrenette' wurde 1830 aus einem Kern dieser Sorte gezogen.
Baum: kräftiger Wuchs bis ins hohe Alter; breitkugelige Krone. Frosthartes Holz; geeignet für alle Baumformen.
Standort: humusreicher, tiefgründiger und lockerer Boden; bevorzugt luftfeuchten Standort mit ausreichenden Niederschlägen; trockene und heiße Lagen ungeeignet.
Eigenschaften: auf nassen Standorten krebsanfällig, außerdem gefährdet durch Mehltau und Blutlaus; wenig Schorfbefall. Früh einsetzender und regelmäßig mittelhoher Ertrag. Früchte nicht windfest; oft verstärkter Vorerntefruchtfall.
Frucht: mittelgroße, gleichmäßig gebaute, runde bis hochrundliche Frucht von grünlichgelber bis gelbtrüber, teils bräunlich gestreifter, geflammter Farbe mit Berostungen, die vom Kelch ausgehen. Süßweiniger, süßsäuerlicher, gewürzter und sehr aromatischer Geschmack; hoher Vitamin-C Gehalt. Pflückreife ab Ende September/Anfang Oktober, Genußreife ab Ende Oktober, Lagerfähigkeit bis Ende Februar. Guter Tafelapfel, auch als Wirtschaftsapfel geeignet.

'Schöner aus Boskoop'

Synonyme: 'Renette von Montfort', 'Graue Winterrenette', 'Apfel der Zukunft', 'Grüner Boskoop', 'Boskoop'
Herkunft: 1856 in Boskoop, Niederlande, entdeckt. Nach einer Obst-

sortenausstellung 1863 in Görlitz zunehmend in Deutschland verbreitet.

Baum: starker bis sehr starker Wuchs; flachkugelige, große und sehr breite Krone. Für alle Baumformen geeignet; für Halb- und Hochstamm frostharten Stammbildner verwenden.

Standort: breit anbaufähig bis in mittlere Höhenlagen. Bevorzugt nährstoffreichen und genügend feuchten Boden, für trockene Böden ungeeignet.

Eigenschaften: anfällig für Schorf und Blutlaus; Früchte gelegentlich stippig. Spät einsetzender Ertrag; Früchte bis zur Pflückreife windfest.

Frucht: mittelgroße bis große Frucht, Form variiert von flachkugelig bis leicht hochrund. Schalenfarbe grünlichgelb, orangerot oder sonnenseits braunrot verwaschen; netzartig berostet. Kräftig säuerlicher Geschmack, renettenartig gewürzt; hoher Vitamin-C Gehalt. Pflückreife ab Mitte Oktober, Genußreife ab Ende Dezember, im guten Lager bis Mai/Juni haltbar. Sehr guter Wintertafelapfel.

'Weißer Wintertaffetapfel'

Synonyme: 'Weißer Wachsapfel', 'Silberrenette', 'Taffetiner' (Österreich), 'Borsdorfer', 'Glasapfel', 'Karthäuser', 'Spiegelapfel', 'Wachsapfel', 'Wachsrenette', 'Weißapfel', 'Weißer Taffetapfel'

Herkunft: sehr alte Sorte unbekannter Herkunft; in Deutschland und Österreich früher oft angebaut.

Baum: mittelstarker, später schwächerer Wuchs; Krone breit ausladend mit hängenden Trieben. Frosthartes Holz; geeignet für höhere Baumformen.

Standort: nicht sehr hohe Ansprüche; bevorzugt freie Lage, auch für höhere Lagen geeignet.

Eigenschaften: bei hoher Luftfeuchtigkeit schorfanfällig; wenig pflegebedürftig. Mittelspät einsetzender, regelmäßiger und befriedigender Ertrag; windfeste Früchte.

Frucht: kleine, flachkugelige Frucht von gelblich-weißer Farbe, sonnenseits blaßrötlich verwaschen. Säuerliches Fruchtfleisch mit geringem Zuckergehalt. Pflückreife Ende Oktober, Genußreife ab Dezember, Lagerfähigkeit bis Ende März. Tafel- und Wirtschaftsapfel.

'Wintergoldparmäne'

Synonyme: 'Englische Wintergoldparmäne', 'Goldparmäne', 'Goldrenette', 'Herzogs Renette', 'King of the Pippins', 'Reine des Reinettes'

Herkunft: sehr alte Sorte (vor 1700, wahrscheinlich aus Frankreich); gelangte um 1800 über England nach Deutschland. 1853 auf der 1. Versammlung deutscher Pomologen in Naumburg zum allgemeinen Anbau empfohlen.

Baum: mittelstarker, steiler Wuchs; schmale und hochkugelige Krone. Relativ frostunempfindliches Holz; für alle Baumformen geeignet.

Standort: bevorzugt nährstoffreiche, etwas wärmere und leicht trockene Böden. Bei entsprechender Lage breit anbaufähig.

'Wintergoldparmäne' ist eine sehr alte Apfelsorte, die wahrscheinlich aus Frankreich stammt (Abbildung von 1888).

Eigenschaften: anfällig für Mehltau, Krebs und Schorf. Neigt zur Kleinfrüchtigkeit, was sich durch Schnittmaßnahmen regulieren läßt. Mittelfrüh einsetzender Ertrag; windempfindliche Früchte.

Frucht: mittelgroße bis kleine, hochrundliche, faßförmige Frucht, Form kann aber variieren. Gelbliche Schalenfarbe, zur Hälfte orangerot bis bräunlichrot gestreift oder verwaschen. Süßfeinsäuerlicher Geschmack mit nußartigem Aroma. Pflückreife ab Ende September, Genußreife ab Oktober, Lagerfähigkeit bis Januar. In erster Linie Tafelapfel.

Pollenspender und Befruchtersorten bei alten Apfelsorten

	Sorte	Pollenspender	Blütezeit	Befruchtersorten
	Sommeräpfel			
1.	'Charlamowsky'	+	früh	nicht bekannt[1]
2.	'Roter Astrachan'	+	früh	nicht bekannt[1]
3.	'Schöner aus Bath'	+	früh bis mittelfrüh	4, 5, 17
4.	'Weißer Klarapfel'	+	früh	5, 13, 35
	Herbstäpfel			
5.	'Apfel aus Croncels'	+	früh	4, 13, 24, 30
6.	'Biesterfelder Renette'	–	mittelfrüh	20, 30, 35
7.	'Danziger Kantapfel'	+	spät	5, 13, 19
8.	'Grahams Jubiläumsapfel'	+	spät	2, 4
9.	'Gravensteiner'	–	früh	4, 5, 13, 14, 30
10.	'Jakob Lebel'	–	mittelspät	19, 24, 25, 41
11.	'Roter Herbstkalvill'	+	mittelfrüh	nicht bekannt[1]
12.	'Signe Tillisch'	+	mittelfrüh	5, 14, 30
	Herbst-/Winteräpfel			
13.	'Berner Rosenapfel'	+	mittelfrüh bis mittelspät	7, 19, 24

Sortenporträts

	Sorte	Pollen-spender	Blütezeit	Befruchter-sorten
14.	'Gelber Edelapfel'	+	spät	24, 30, 42
15.	'Prinzenapfel'	+	mittelspät	nicht bekannt[1]
16.	'Rote Sternrenette'	+	spät	19, 25
	Winteräpfel			
17.	'Ananasrenette'	+	mittelfrüh	13, 24, 30
18.	'Boikenapfel'	+	spät	17, 30, 35
19.	'Champagner Renette'	+	mittelspät	13, 25, 35, 42
20.	'Goldrenette Freiherr von Berlepsch'	+	mittelspät	14, 17, 24, 25
21.	'Großer Rheinischer Bohnapfel'	–	mittelfrüh	13, 30, 32
22.	'Kanadarenette'	–	mittelspät	7, 17, 18, 19, 24
23.	'Krügers Dickstiel'	–	spät	16, 19, 30
24.	'Landsberger Renette'	+	mittelfrüh	5, 20, 30
25.	'Ontario'	+	mittelspät	7, 13, 16, 19
26.	'Purpurroter Cousinrot'	+/–[2]	mittelspät	nicht bekannt[1]
27.	'Ribston Pepping'	–	mittelfrüh	5, 7, 13, 30
28.	'Schöner aus Boskoop'	–	früh bis mittelfrüh	4, 13
29.	'Weißer Wintertaffetapfel'	+	spät	nicht bekannt[1]
30.	'Wintergoldparmäne'	+	mittelspät	14, 19, 28

[1] beste Befruchtersorten nicht bekannt; im Umkreis von 200 m sollte ein guter Pollenspender stehen (z. B. 'Wintergoldparmäne')
[2] in der Literatur teils als guter, teils als schlechter Pollenspender bezeichnet
+ = guter Pollenspender
– = schlechter Pollenspender

Weitere empfehlenswerte Apfelsorten

	Sorte	Ansprüche/ Besonderheiten	Geschmack	Herkunft/ Verbreitung
	Herbstäpfel			
31.	'Doppelter Prinzenapfel'	robust, widerstandsfähig v.a. Hochstamm	aromatisch, süßsäuerlich	v.a. Nordwest-deutschland
32.	'Dülmener Herbstrosenapfel'	breit anbaufähig, relativ anspruchslos	süßsäuerlich, feine Würze	weit verbreitet

	Sorte	Ansprüche/ Besonderheiten	Geschmack	Herkunft/ Verbreitung
33.	'Filippa'	etwas feuchte, nährstoffreiche Böden	süßsäuerlich, aromatisch	v.a. Norddeutschland
34.	'Gartenmeister Simon'	robust, widerstandsfähig	säuerlichsüß	v.a. Süddeutschland, relativ junge Sorte
35.	'Geheimrat Dr. Oldenburg'	mittelhohe Ansprüche an den Boden	leicht gewürzt	weit verbreitet
36.	'Manks Küchenapfel'	widerstandsfähig, anspruchslos	mild säuerlich, sehr saftig, geringer Zuckergehalt	weit verbreitet
37.	'Moringer Rosenapfel'	breit anbaufähig	süßsäuerlich, würzig	v.a. Norddeutschland
38.	'Usterapfel'	v.a. Hochstamm, normale Boden- verhältnisse	sehr süß, würzig	weit verbreitet, v.a. Schweiz
	Winteräpfel			
39.	'Adersleber Kalvill'	auf guten Standorten anspruchslos	saftig, fein ge- würzt, aroma- tisch, sehr edel	weit verbreitet
40.	'Altländer Pfann- kuchenapfel'	etwas feuchte, nähr- stoffreiche Böden	säuerlich, mäßig süß	v.a. Norddeutschland
41.	'Batullenapfel'	anspruchslos, widerstandsfähig, auch rauhe Lagen	süß, weinig	stammt aus Siebenbürgen
42.	'Gelber Bellefleur'	feuchte Böden	bananenartiges Aroma, süß- weinsäuerlich	weit verbreitet
43.	'Gelber Richard'	hoher Anspruch an den Boden	sehr aroma- tisch, saftig	v.a. Norddeutschland
44.	'Korbiniansapfel'	widerstandsfähig, anspruchslos	süßsäuerlich, würzig	v.a. Süddeutschland, relativ junge Sorte
45.	'Kronprinz Rudolf'	relativ anspruchslos, benötigt ausreichend feuchten Boden	feinsäuerlich mit hohem Zuckergehalt, würzig	v.a. Österreich

	Sorte	Ansprüche/ Besonderheiten	Geschmack	Herkunft/ Verbreitung
46.	'Roter Bellefleur'	anspruchslos, widerstandsfähig, v.a. Hochstamm	etwas süß, gewürzt	v.a. Westdeutschland und Niederlande
47.	'Roter Eiserapfel'	anspruchslos, widerstandsfähig, auch auf feuchten Böden	leicht gewürzt mit etwas Säure bei hohem Zuckergehalt	weit verbreitet, sehr alte Sorte

Sommerbirnen

'Gute Graue'

Synonyme: 'Eisenbart', 'Erzherzog Karls Sommerbirne', 'Graue Sommerbutterbirne', 'Grisbirne', 'Pickelsbirne', 'Beurré Gris'

Herkunft: sehr alte Sorte; aus Frankreich oder den Niederlanden, genaue Herkunft ungeklärt; schon im 17. Jahrhundert bekannt. In der Literatur teilweise verwechselt als 'Beurre Gris' mit 'Grauer Herbstbutterbirne'; früher in Deutschland bekannt als sogenannter 'Hofbirnenbaum'.

Baum: sehr starker Wuchs; breitrunde, sparrige Krone. Frosthartes Holz; für höhere Baumformen geeignet. Bäume werden sehr alt.

Standort: sehr breit anbaufähig bis in hohe und rauhe Lagen; bevorzugt tiefgründige, ausreichend feuchte Böden. Auf zu trockenen Standorten kleinbleibende Früchte.

Eigenschaften: wenig krankheitsanfällig, robust; im Jugendstadium örtlich schorfanfällig. Spät beginnender, alternierender Ertrag; Früchte windfest. Nur Auslichtungsschnitte.

Frucht: kleine bis mittelgroße, birnenförmige, fast ganzflächig graubraun berostete Frucht mit zahlreichen dichten, hellen Schalenpunkten. Schmelzender, aromatischer, süßsäuerlicher, harmonischer Geschmack. Pflück- und Genußreife Ende August/Anfang September, sehr rasch teigig werdend. Zum Sofortverbrauch.

'Petersbirne'

Synonyme: 'Großvaterbirne', 'Honigbirne', 'Lorenzbirne', 'Weizenbirne', 'Rote Birne', 'Rote Margarethenbirne', 'Große Petersbirne'

Herkunft: vermutlich Deutschland, aus Altenburg bei Leipzig; früher vor allem in Sachsen angebaut, dort schon um 1750 bekannt.

Baum: starker Wuchs; breite und pyramidale Krone. Frosthartes Holz; für höhere Baumformen geeignet. Bäume können sehr alt werden.

Standort: breit anbaufähig bis in höhere Gebirgslagen; Ansprüche an Boden und Klima nicht sehr hoch, ausreichende Bodenfeuchtigkeit muß vorhanden sein.

Eigenschaften: wenig anfällig für Krankheiten; mittelfrüh einsetzender, regelmäßig hoher Ertrag. Früchte windfest.

Frucht: kleine bis mittelgroße Frucht, Form variiert von kegel- über kreisel- bis birnenförmig. Schalenfarbe bei Reife rötlichgelb mit kleinen rostartigen Schalenpunkten, die rötlich umhöft sind. Süßsäuerlicher, halbschmelzender, zimtartiger, aromatischer Geschmack. Pflück- und Genußreife Ende Juli/Anfang August, bis zu drei Wochen haltbar, ohne teigig zu werden. In erster Linie gute frühe Tafelbirne, aber auch Wirtschaftsbirne.

'Solaner'

Synonyme: 'Salanderbirne', 'Solanka' (ursprünglicher Name)

Herkunft: höchstwahrscheinlich aus Solan in Nordböhmen (Tschechische Republik); Ende des 19. Jahrhunderts in der deutschsprachigen Literatur erstmals beschrieben. Früher in Böhmen und Mitteldeutschland verbreitet.

Baum: starker Wuchs; Krone breitpyramidal. Frosthartes Holz; für höhere Baumformen geeignet.

Standort: breit anbaufähig, auch in Höhenlagen. Ansprüche gering; verträgt auch trockene, warme und windige Standorte.

Eigenschaften: robuste Sorte, widerstandsfähig gegen Krankheiten und Schädlinge. Mittelspät einsetzender, regelmäßig guter Ertrag; Früchte windfest.

Frucht: mittelgroße, birnenförmige Frucht von grüngelber Farbe; sehr süßer, schwach säuerlicher, aromatischer, schmelzender, würziger Geschmack. Pflück- und Genußreife ab Mitte August bis Anfang September, haltbar bis zu drei Wochen. Gute frühe Tafelbirne.

Herbstbirnen

'Blumenbachs Butterbirne'

Synonyme: 'Herzogin von Brabant', 'Soldat Laboureur' (ursprünglicher Name)

Herkunft: 1820 vom Pomologen Esperen in Belgien gezüchtet. Van Mons schickte Edelreiser ohne Angabe des Namens an den deutschen Pomologen Oberdiek, der sie ohne besseres Wissen nach seinem Göttinger Lehrer Hofrat Blumenbach benannte.

Baum: mittelstarker Wuchs; große Krone. Etwas frostempfindliches Holz, daher auf frostharten Stammbildner veredeln. Für alle Baumformen geeignet.

Standort: breit anbaufähig bis in mittlere Höhenlagen; Ansprüche an Boden und Klima nicht sehr noch. Wärmere Lagen verbessern die Fruchtqualität.

Eigenschaften: örtlich teilweise schorfanfällig; früh einsetzender, alljährlich guter Ertrag. Bis zur Baumreife windfeste Früchte, danach Fruchtfall; trotzdem so spät wie möglich ernten, die Früchte sind dann aromatischer.

Frucht: mittelgroße, birnen- oder glockenförmige Frucht von hellgelber Farbe; zahlreiche rostbraune Schalenpunkte, Berostung teils fleckig, teils netzartig. Feinsäuerlicher, melonenartiger, schmelzender bis halbschmelzender Geschmack. Pflück- und Genußreife ab Anfang Oktober, Haltbarkeit bis Ende November. Tafel- und Wirtschaftsbirne.

'Doppelte Philippsbirne'

Synonyme: 'Sommer-Diel', 'Philippsbirne', 'Doyenné de Mérode' (ursprünglicher Name)
Herkunft: Zufallssämling; um 1800 von van Mons in Belgien entdeckt.
Baum: mittelstarker bis starker Wuchs; breitpyramidale Krone. Relativ frosthartes Holz; für alle Baumformen geeignet. Bäume werden sehr alt.
Standort: breit anbaufähig bis in mittlere Höhenlagen; Ansprüche an Lage und Klima nicht sehr hoch. Auch für etwas schwerere Böden; auf leichten Böden für ausreichende Wasserzufuhr sorgen.
Eigenschaften: Verjüngungsschnitt wird erst spät fällig; schorfwiderstandsfähig, empfindlich für den Feuerbrand. Früh einsetzender und alljährlich sehr guter Ertrag; Früchte windfest.
Frucht: mittelgroße, abgestumpfte, fast rundliche Frucht von gelblicher Farbe mit zahlreichen kleinen bis großen, braunen Schalenpunkten; normal berostet. Sehr saftiger, würziger, schmelziger, schwach säuerlicher

'Doppelte Philippsbirne', Abbildung von 1889

Geschmack. Pflück- und Genußreife Anfang September (etwa zwei Wochen haltbar). Tafel- und Einweckbirne.

'Esperens Herrenbirne'

Synonyme: 'Herrenbergamotte', 'Schmelzende Herbstbirne', 'Oberdiecks Butterbirne', 'Belle-Lucrative' (ursprünglicher Name, noch heute Hauptname in England und den USA)
Herkunft: wahrscheinlich Belgien vor 1820.
Baum: mittelstarker Wuchs; breitpyramidale bis rundliche Krone. Ausreichend frosthartes Holz, für alle Baumformen geeignet.

Standort: breit anbaufähig bis in mittlere Höhenlagen; bevorzugt nährstoffreiche, ausreichend feuchte Böden. Auch für kühlere und windige Standorte geeignet.
Eigenschaften: etwas schorfanfällig. Mittelfrüh einsetzender, regelmäßig guter Ertrag; Früchte relativ windfest.
Frucht: kleine bis mittelgroße, stumpfkegelförmige bis rundliche Frucht von gelblichgrüner Farbe; fleckig berostet, mit zahlreichen braunen, teilweise grün umhöften Schalenpunkten. Schmelzender, süßsäuerlicher, sehr aromatischer Geschmack. Pflück- und Genußreife Ende September, zwei Wochen haltbar. Sehr gute Tafelbirne, auch als Wirtschaftsbirne gut geeignet.

'Gellerts Butterbirne'

Synonyme: 'Beurre Hardy' (ursprünglicher Name, in Frankreich noch heute Hauptname), 'Hardys Butterbirne'
Herkunft: 1820 vom Pomologen Bonnet in Frankreich gezogen. Oberdiek erhielt von van Mons Edelreiser ohne Angabe des richtigen Sortennamens und benannte sie nach dem Dichter Gellert.
Baum: sehr starker Wuchs, steil wachsender Mittelast wird hauptsächlich als Stammbildner genommen; hochpyramidale, wenig verzweigte Krone. Frosthartes Holz; für alle Baumformen geeignet.
Standort: breit anbaufähig, für mittlere, etwas windgeschützte Lagen; keine besonderen Ansprüche an Boden und Klima.

Eigenschaften: schorfanfällig, an nassen Standorten anfällig für Krebs; sonst robuste, wenig krankheitsanfällige Sorte. Früh einsetzender, alternierender Ertrag. Verstärkter Fruchtfall; Früchte nicht windfest.
Frucht: mittelgroße bis große, stumpfkegelige, ungleichmäßig gebaute Frucht von grünlichgelber Farbe; sonnenseits bronzeorangefarbig mit feiner zimtbrauner Berostung. Sehr saftiger, aromatischer, harmonischer, süßsäuerlicher Gechmack. Pflück- und Genußreife ab Mitte bis Ende September, drei bis vier Wochen haltbar. Gute Tafel- und Wirtschaftsbirne.

'Köstliche von Charneu'

Synonyme: 'Bürgermeisterbirne' (Norddeutschland), 'Légipont' (ursprünglicher Name), 'Graßhoffs Leckerbissen'
Herkunft: um 1800 von Martin Légipont in Charneu (jetzt Charneux), Belgien, entdeckt.
Baum: starker Wuchs; schmale und spitze Krone, typisch schmalpyramidal. Frostempfindlich; mit frosthartem Stammbildner für alle Baumformen geeignet.
Standort: breit anbaufähig bis in mittlere Höhenlagen; wenig Ansprüche an den Boden, verlangt aber ausreichende Feuchtigkeit. Warme Lage steigert die Fruchtqualität.
Eigenschaften: etwas schorfanfällig; spät einsetzender, regelmäßig guter Ertrag. Früchte windfest.
Frucht: mittelgroße bis große Frucht

'Köstliche von Charneu'

von trüb gelbgrüner Farbe; sonnenseits leicht gerötet, wenig berostet, zahlreiche braune Schalenpunkte. Stark süßer, leicht säuerlicher, feinwürziger, schmelzender Geschmack. Pflück- und Genußreife Ende September/Anfang Oktober, haltbar bis November. Gute Tafelbirne.

Winterbirnen

'Josephine von Mecheln'

Synonyme: 'Königliche Winterbirne', 'Winterkönigin'
Herkunft: um 1830 vom Pomologen Esperen in Belgien gezüchtet.
Baum: schwacher Wuchs mit hängenden, dünnen, langen Trieben; Krone breitrund hängend. Frosthartes Holz;

mit Stammbildner für alle Baumformen geeignet.
Standort: breit anbaufähig bis in mittlere Höhenlagen; für nährstoffreiche, ausreichend feuchte Böden geeignet.
Eigenschaften: örtlich anfällig für Blattschorf, sonst widerstandsfähig und robust. Spät einsetzende, wechselnde, aber nie sehr hohe Erträge. Früchte sehr windfest.
Frucht: kleine bis mittelgroße, kreiselförmige Frucht von gelbgrüner Farbe mit zahlreichen, kleinen, dunklen Schalenpunkten; Berostungen netzartig oder flächig die Frucht überziehend. Sehr saftiger, süßer, schmelzender, aromatischer Geschmack. Pflückreife Ende Oktober, Genußreife ab Ende Dezember, Haltbarkeit bis Ende Februar. Gute Wintertafelbirne.

'Madame Verté'

Synonyme: keine
Herkunft: Belgien, um 1810.
Baum: schwacher bis mittelstarker Wuchs; breitpyramidale Krone, gut verzweigt. Holz ausreichend frosthart; für alle Baumformen geeignet.
Standort: breit anbaufähig auf nährstoffreichen, warmen, ausreichend feuchten Böden; auf diesen auch noch in mittleren Höhenlagen.
Eigenschaften: örtlich leicht schorfanfällig; Ertrag mittelspät einsetzend, mittel bis hoch. Früchte windfest.
Frucht: mittelgroße, abgestumpfte, birnen- bis breitkegelförmige Frucht von trüber gelbgrüner Farbe, sonnenseits rötlich verwaschen; fast gänzlich

berostet mit dichten, großen, dunklen, zahlreichen Schalenpunkten. Süßer, schmelzender, aromatischer, weinsäuerlicher Geschmack. Pflückreife Mitte/Ende Oktober, Genußreife ab Dezember, Haltbarkeit bis Mitte/Ende Januar. Tafel- und Wirtschaftsbirne; Marmelade wird rötlich.

'Nordhäuser Winterforellenbirne'

Synonyme: 'Nordhäuser Forellenbirne'
Herkunft: vermutlich Deutschland, seit 1864 durch Baumschule von der Foehr, Nordhausen/Harz, verbreitet.
Baum: mittelstarker Wuchs; hohe bis breitpyramidale Krone. Etwas frostempfindliches Holz; mit Stammbildner für alle Baumformen geeignet.
Standort: bevorzugt nährstoffreichen, warmen, humosen Boden.
Eigenschaften: anfällig für Fruchtfall, Schorf und Feuerbrand; mittelfrüh einsetzender und regelmäßiger Ertrag. Früchte nicht windfest.
Frucht: mittelgroße, kegelförmige Frucht von grünlichgelber Farbe; sonnenseits rötlich gehaucht oder getupft mit kleinen hellbraunen Schalenpunkten, die rötlich oder hell umhöft sind. Pflückreife ab Anfang bis Mitte Oktober, Genußreife ab Ende Dezember, haltbar bis März. Tafel- und Wirtschaftsbirne.

'Pastorenbirne'

Synonyme: 'Caßlerbirne', 'Flaschenbirne', 'Zapfenbirne', 'Poire de Cure' (ursprünglicher Name)
Herkunft: 1760 in einem Wald in Frankreich von dem Pfarrer Leroy entdeckt.
Baum: starker Wuchs; Krone schmal bis breitpyramidal, später hängend. Ausreichend frosthartes Holz; für alle Baumformen geeignet. Früher auch als Stammbildner verwendet.
Standort: breit anbaufähig, auch für Höhenlagen über 500 Meter; braucht ausreichend feuchte Böden.
Eigenschaften: anfällig für Schorf und Spitzendürre, ansonsten widerstandsfähig; mittelfrüh einsetzender, jährlich ziemlich hoher Ertrag. Windfeste Früchte; auf trockenen Böden starker Fruchtfall.
Frucht: mittelgroße bis sehr große, flaschenförmige Frucht von grünlichgelber Farbe mit einigen fleckigen Berostungen; bei vielen Früchten typischer Roststrich vom Kelch zum Stiel. Zahlreiche, kleine, braune, grün umhöfte Schalenpunkte. Leicht süßlicher, halbschmelzender, aromatischer, säuerlicher Geschmack. Pflückreife im Oktober, Genußreife ab Ende November, Haltbarkeit bis Januar. An warmen Standorten gut geeignet als Tafelbirne, sonst Wirtschaftssorte.

Pollenspender und Befruchtersorten bei alten Birnensorten

	Sorte	Pollen-spender	Blütezeit	Befruchter-sorten
	Sommerbirnen			
1.	'Gute Graue'	–	spät	7, 10, 14, 26
2.	'Petersbirne'	+	mittelfrüh	7, 8*)
3.	'Solaner'	+	mittelfrüh	6*)
	Herbstbirnen			
4.	'Blumenbachs Butterbirne'	+	mittelfrüh bis mittelspät	8, 14, 20, 23, 26
5.	'Doppelte Philippsbirne'	–	früh	7, 8, 14, 20, 26
6.	'Esperens Herrenbirne'	+	mittelfrüh	1, 3, 10, 20
7.	'Gellerts Butterbirne'	+	mittelspät	8, 9, 10, 14, 20, 26
8.	'Köstliche von Charneu'	+	mittelfrüh	7, 20, 22, 23, 26
	Winterbirnen			
9.	'Josephine von Mecheln'	+	mittelspät	7, 8, 14, 15, 20, 26
10.	'Madame Verté'	+	mittelspät	7, 8, 20, 22, 23, 29
11.	'Nordhäuser Winterforellenbirne'	+	mittelfrüh	20, 26, 28
12.	'Pastorenbirne'	–	mittelfrüh	7, 8, 9, 14, 15, 20, 26

*) weitere Befruchtersorten noch nicht erprobt
+ = guter Pollenspender
– = schlechter Pollenspender

Weitere empfehlenswerte Birnensorten

	Sorte	Ansprüche/Besonderheiten	Geschmack	Herkunft/Verbreitung
	Sommerbirnen			
13.	'Augustbirne'	besonders anspruchs-los und widerstands-fähig, geeignet als Stammbildner	süß, saftig, wohl-schmeckend	weit verbreitet
14.	'Clapps Liebling'	etwas windgeschützte Lage	würzig	weit verbreitet
15.	'Frühe von Trevoux'	breit anbaufähig, Holz frosthart	süßsäuerlich, würzig, sehr saftig	weit verbreitet

Weitere Birnensorten

	Sorte	Ansprüche/ Besonderheiten	Geschmack	Herkunft/ Verbreitung
16.	'Leipziger Rettichbirne'	anspruchslos und widerstandsfähig, keine trockenen Böden	süß, leicht gewürzt, wohlschmeckend, Tafel- und Wirtschaftsfrucht	v.a. Ost- und Mitteldeutschland
17.	'Nagowitzbirne'	nicht sehr anspruchsvoll, frosthartes Holz	süß, saftig, würzig, schmelzend	alte Sorte, v.a. Österreich
18.	'Salzburger Birne'	hohe Ansprüche an den Boden, verträgt auch rauhe Lagen	süß, saftig, würzig, schmelzend	v.a. Österreich
19.	'Stuttgarter Geißhirtle'	wenig Ansprüche an Boden und Klima, widerstandsfähig gegen Schaderreger	würzig, sehr saftig	v.a. Süddeutschland
20.	'Williams Christbirne'	warme Lage, nährstoffreicher Boden	saftig, schmelzend, aromatisch	weit verbreitet
	Herbstbirnen			
21.	'Alexander Lukas'	windgeschützte Lage; widerstandsfähig gegen Schorf	süß, saftig	weit verbreitet
22.	'Birne von Tongern'	warme Lage	süß, würzig, sehr saftig	weit verbreitet
23.	'Bosc's Flaschenbirne'	warme Lage	süß, würzig, sehr saftig	weit verbreitet
24.	'Conferenzbirne'	nährstoffreiche Böden	süßsäuerlich, würzig, sehr saftig	weit verbreitet
25.	'Graf Moltke'	anspruchslos, auch für rauhe Lagen	süß, würzig, sehr saftig	v.a. Norddeutschland
26.	'Gute Luise von Avranches'	wenig Ansprüche an Boden und Klima	süß, würzig, schmelzend	weit verbreitet
	Winterbirnen			
27.	'Feuchtwanger Butterbirne'	wenig anspruchsvoll, braucht nahrhaften Boden	aromatisch, saftig, schmelzend	v.a. Süddeutschland

	Sorte	Ansprüche/ Besonderheiten	Geschmack	Herkunft/ Verbreitung
28.	'Liegels Winter-butterbirne'	nährstoffreiche Böden, etwas geschützte, warme Standorte	sehr saftig, würzig, zimtartig, schmelzend	sehr alte Sorte aus Böhmen
29.	'Vereins-Dechants-birne'	milde Lage, Holz frosthart	edler Geschmack	weit verbreitet

Kirschen

Die Reifetermine der Kirschen liegen in einem Zeitraum von sieben sogenannten »Kirschenwochen«. Eine »Kirschenwoche« hat zehn Tage. Der Beginn der »Kirschenwochen« ist abhängig vom Standort des Baumes und vom Klima. In der Regel beginnen sie in Deutschland am Ende der zweiten Maihälfte. In den Porträts sind die Sorten nach diesen Reifeterminen geordnet.

Bei den Süßkirschen unterscheidet man Herzkirschen und Knorpelkirschen. Das Fruchtfleisch der Herzkirschen ist weicher und platzfester als das der Knorpelkirschen.

Die Sauerkirschen werden unterschieden in Weichselkirschen mit färbendem und Amarellen mit nicht färbendem Saft.

Herzkirschen

'Kassins Frühe Herzkirsche'

Synonyme: keine
Herkunft: Zufallssämling, um 1860 vom Obstbauer Kassin in Werder an der Havel aufgefunden.

Baum: mittelstarker bis starker Wuchs; Krone breitrund. Holz etwas frostempfindlich; für alle Baumformen geeignet.
Standort: bevorzugt warme, leichte, nährstoffreiche Böden in etwas geschützten Lagen; auch in mittleren Höhenlagen noch anbaufähig.
Eigenschaften: widerstandsfähig gegen Krankheiten, allgemein robust; bei ungünstiger Witterung können die Früchte platzen. Früh einsetzender, regelmäßig guter Ertrag.
Frucht: mittelgroße, dunkelbraunrote bis schwarzrote Frucht; säuerlich-süßer, angenehmer Geschmack. Reifezeit 2. Woche; Frischverzehr.

'Werdersche Braune'

Synonyme: keine, nicht identisch mit 'Werdersche Große Braune' und mit 'Werdersche Frühe'
Herkunft: unbekannt; seit 1850 im Kreis Querfurt westlich Halle/Saale im Anbau, im übrigen Deutschland seit einigen Jahrzehnten bekannt.
Baum: starker Wuchs; Krone hochpyramidal, später ausladend. Frosthartes Holz; vor allem für höhere Baumformen geeignet.

Standort: breit anbaufähig; kommt mit rauhen, höheren, windigen, tiefen und niederschlagsreichen Lagen zurecht. Gedeiht in allen Bodenarten.
Eigenschaften: widerstandsfähig gegen Krankheiten; robuste Sorte. Früh einsetzender, regelmäßig guter Ertrag; Früchte platzen nicht.
Frucht: mittelgroße bis große, dunkelbraunviolette Frucht; säuerlichsüßer, aromatischer, würziger Geschmack. Reifezeit 3. Woche; in erster Linie Frischverzehr.

'Ochsenherzkirsche'

Synonyme: keine
Herkunft: unbekannt; der Pomologe Truchseß erhielt sie 1785 von der Baumschule in Hannover-Herrenhausen.
Baum: starker Wuchs; Krone hoch und rund. Frosthartes Holz; vor allem für höhere Baumformen geeignet.

'Büttners Späte Rote Knorpelkirsche'

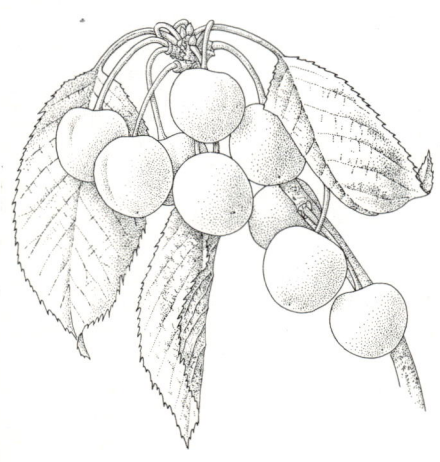

Standort: Ansprüche an Boden und Klima gering; ausreichende Bodenfeuchtigkeit sollte jedoch vorhanden sein. Auch für höhere Lagen geeignet.
Eigenschaften: im allgemeinen recht widerstandsfähig gegen Krankheiten; früh einsetzender, regelmäßig guter Ertrag. Relativ platzfest.
Frucht: große bis sehr große, rote Frucht; süßer, würziger, aromatischer, leicht säuerlicher Geschmack. Reifezeit 4.–5. Woche; überwiegend Tafelkirsche.

Knorpelkirschen

'Büttners Späte Rote Knorpelkirsche'

Synonyme: 'Altenburger Melonenkirsche', 'Napoleon', 'Königskirsche', 'Melonenkirsche', 'Büttners Rote Knorpelkirsche' (ursprünglich gab es noch eine andere Sorte unter diesem Namen, diese ist aber nicht mehr auffindbar), 'Lauermanns Knorpelkirsche', 'Querfurter Königskirsche' (lokale Auslese mit etwas anderen Eigenschaften)
Herkunft: wurde um 1795 von Büttner in Halle/Saale aus einem Samen gezogen. Heute weltweit verbreitete Sorte.
Baum: starker Wuchs; Krone breitkugelig, später ausladend. Frosthartes Holz; für alle Baumformen geeignet.
Standort: anpassungsfähig an Boden und Lage; bevorzugt mäßige Wärme. Wächst auch auf leichteren Böden und verträgt offene, höhere und windige Lagen.

Eigenschaften: widerstandsfähig gegen Krankheiten; robuste Sorte. Früh einsetzender, regelmäßig hoher Ertrag; Früchte können bei Regen faulen und platzen.
Frucht: große, gelbrote Frucht; süßer, leicht säuerlicher, sehr würziger Geschmack. Reifezeit 4.–5. Woche; gute Tafel- und Wirtschaftsfrucht (Konserve).

'Haumüllers Mitteldicke'

Synonyme: keine; nicht identisch mit 'Zottel-Haumüller' und mit 'Haumüller-Speck'
Herkunft: Vorderpfalz, dortige Lokalsorte. Seit längerer Zeit auch in Franken und in Südwestdeutschland im Anbau.
Baum: mittelstarker Wuchs; breite Krone. Frosthartes Holz; für alle Baumformen geeignet, allerdings ist ein sorgfältiger Aufbau der kleinen Krone erforderlich.
Standort: anspruchslos an Boden und Lage; gedeiht aber am besten auf sandigen Lehmböden. Auch für höhere Lagen geeignet. Bildet sparriges Seitenholz.
Eigenschaften: verhältnismäßig widerstandsfähig; mittelspät einsetzender, regelmäßig zufriedenstellender bis guter Ertrag. Früchte faulen und platzen in nassen Jahren nicht.
Frucht: mittelgroße bis große, herzförmige, braunrote Frucht; süßer, feinsäuerlicher, aromatischer Geschmack. Reifezeit 4.–5. Woche; besonders für Frischgenuß, aber auch für Konservierung geeignet.

'Badeborner Schwarze Knorpelkirsche'

Synonyme: keine, wird oft einfach nur 'Badeborner' genannt
Herkunft: in der 2. Hälfte des 19. Jahrhunderts in Badeborn nahe bei Quedlinburg (Harz) aufgefunden. Seit 1912 wurde die Sorte von der Baumschule Teickner, Gernrode (Harz), verbreitet.
Baum: starker Wuchs, breitkugelige Krone. Frosthartes Holz; vor allem für höhere Baumformen geeignet. Bäume werden sehr alt.
Standort: bevorzugt mittelschwere, kalkhaltige Böden; kommt auch mit leichteren, dann aber nährstoffreichen Böden zurecht. Auch für höhere Lagen geeignet.
Eigenschaften: wenig krankheitsanfällige, robuste Sorte; früh einsetzender und regelmäßig guter Ertrag. Früchte sind platzfest.
Frucht: große, dunkelbraunrote Frucht; angenehm süße, leicht säuerliche, aromatische, wohlschmeckende Frucht. Reifezeit 5. Woche; für Frischverzehr und zum Einwecken.

'Schauenburger'

Synonyme: 'Flurianer', 'Späte Rosmarin'
Herkunft: wurde 1900 aus dem Libanon in die Schweiz eingeführt.
Baum: starker Wuchs; Krone hoch

Oben: 'Mirabelle von Nancy'
Unten: 'Schattenmorelle'

Süßkirschen

'Wintergoldparmäne'

und breit ausladend. Frosthartes Holz; vor allem für höhere Baumformen geeignet.
Standort: keine hohen Ansprüche, daher breit anbaufähig; auch höhere Lagen möglich.

Eigenschaften: wenig krankheitsanfällig; robust. Mittelfrüh einsetzender, regelmäßig hoher Ertrag. Früchte faulen und platzen nicht.
Frucht: große, schwarzbraune Frucht; milder süßsäuerlicher, würziger, aromatischer Geschmack. Reifezeit 7.–8. Woche; sehr gute Tafelfrucht.

Befruchtersorten bei alten Süßkirschensorten

	Sorte	Blütezeit	Befruchtersorten
	Herzkirschen		
1.	'Kassins frühe Herzkirsche'	früh	4, 6, 12, 13, 15, 16
2.	'Werdersche Braune'	mittelspät	1, 3, 15, 16
3.	'Ochsenherzkirsche'	früh	nicht bekannt[*])
	Knorpelkirschen		
4.	'Büttners Späte Rote Knorpelkirsche'	mittelfrüh	1, 14, 15, 16
5.	'Haumüllers Mitteldicke'	mittelfrüh	15
6.	'Badeborner Schwarze Knorpelkirsche'	früh bis mittelfrüh	1, 2, 11, 13, 15, 16
7.	'Schauenburger'	spät	15

[*]) im näheren Umkreis sollte ein guter Pollenspender stehen

Weitere empfehlenswerte Süßkirschensorten

	Sorte	Standort/ Besonderheiten	Frucht	Herkunft/Verbreitung/Reife
	Herzkirschen			
8.	'Early Rivers'	anspruchslos	mittelgroße, violettbraune Frucht	früher weit verbreitet, Reife 2. Woche
9.	'Frühe Rote Meckenheimer'	anspruchslos	dunkelbraunrote, mittelgroße Frucht, sehr platzfest	v.a. Süd- und Südwestdeutschland, Reife 2.–3.Woche
10.	'Kronprinz von Hannover'	anspruchslos	große, gelbrote Frucht	v.a. Norddeutschland, Reife 2.–3. Woche

	Sorte	Standort/ Besonderheiten	Frucht	Herkunft/Verbreitung/Reife
11.	'Lucienkirsche'	sehr anpassungsfähige Sorte	mittelgroße, hellrote Frucht, bei Regen nicht platzfest	v.a. Norddeutschland, Reife 3. Woche
	Knorpelkirschen			
12.	'Große Prinzessin'	warme Lagen	gelbrote, große Frucht, nicht platzfest	weit verbreitet, Reife 4. Woche
13.	'Dönissens Gelbe Knorpelkirsche'	bevorzugt leichte und warme Böden, frosthart, sicher vor Vogelfraß	mittelgroße, gelbe Frucht, sehr regenempfindlich	weit verbreitet, Reife 4.–5. Woche
14.	'Große Schwarze Knorpelkirsche'	keine rauhen Lagen	dunkelbraun bis schwarzbraun; große Frucht, platzt leicht	weit verbreitet, Reife 4.–5. Woche
15.	'Hedelfinger Riesenkirsche'	breit anbaufähig	mittelgroße, dunkelbraune bis rote Frucht, nicht sehr platzfest	weit verbreitet, Reife 4.–5. Woche; sehr alte Sorte
16.	'Schneiders Späte Knorpelkirsche'	relativ anspruchsvoll an den Boden, Holz frosthart	sehr große, dunkelbraunrote Frucht, nicht sehr platzfest, sehr gute Tafelkirsche	weit verbreitet, Reife 5.–6. Woche

Sauerkirschen

'Köröser Weichsel'

Synonyme: 'Ungarische Weichsel', 'Pandy Weichsel'
Herkunft: stammt aus Ungarn, Verbreitung in Deutschland seit 1925.
Baum: starker Wuchs; Krone hochpyramidal. Frosthartes Holz; geeignet für Buschbaum, Viertel- und Halbstamm.

Standort: keine hohen Standortansprüche; bevorzugt aber etwas wärmere, durchlässige, leichtere Böden. Auch für höhere Lagen geeignet.
Eigenschaften: robuste Sorte; nicht anfällig für Monilia. Selbstunfruchtbar; Befruchtersorte ist unter anderem 'Schattenmorelle', aber auch eine Süßkirschensorte wie 'Kassins Frühe Herzkirsche'. Früh einsetzender Ertrag; mittelfrühe Blüte.
Frucht: mittelgroße bis große Frucht

'Köröser Weichsel'

von rotbrauner Farbe; süßsäuerlicher, aromatischer Geschmack. Reifezeit 5.–6. Woche; für Frischverzehr, Marmelade oder Tortenbelag. Weichselkirsche.

'Schattenmorelle'

Synonyme: 'Große Lange Lotkirsche'
Herkunft: wahrscheinlich Frankreich, dort mindestens seit dem 17. Jahrhundert bekannt. In Deutschland im Raum Gotha seit Ende des 18. Jahrhunderts.
Baum: mittelstarker Wuchs; breitrunde Krone, verkahlt sehr leicht. Frosthartes Holz; geeignet für Buschbaum, Viertel- und Halbstamm.
Standort: breit anbaufähig auf mittleren und leichten Böden; nasse und trockene Böden sind zu vermeiden. Gut anpassungsfähig an den Standort.
Eigenschaften: sehr stark anfällig für

Monilia; wegen Verkahlung der Langtriebe sind Schnittmaßnahmen wichtig. Früh einsetzender, regelmäßig hoher Ertrag; Blüte spät, selbstfruchtbar.
Frucht: mittelgroße, dunkelbraunrote Frucht; Geschmack sehr sauer. Reifezeit 6.–7. Woche; sehr gut für Verarbeitung zu Marmelade geeignet. Weichselkirsche.
Allgemeines: Die 'Schattenmorelle' ist die weltweit am meisten angebaute Sauerkirschensorte mit vielen Selektionen (Typen). Besonders anbauwürdig ist die Sorte 'Vowi' mit hohen Erträgen, geringer Moniliaanfälligkeit, geringer Verkahlung und hoher Lebenserwartung des Baumes.

'Morellenfeuer'

Synonyme: 'Kelleriis 16'
Herkunft: Dänemark, in der ersten Hälfte dieses Jahrhunderts aus einem frei abgeblühten Sämling selektiert; 1956 Sortenzulassung in Dänemark.
Baum: mittelstarker bis starker Wuchs; Krone breitpyramidal. Frosthartes Holz; geeignet für Buschbaum, Viertel- und Halbstamm.
Standort: gedeiht auf allen Böden; breit anbaufähig, anpassungsfähig. Sehr trockene Standorte vermeiden.
Eigenschaften: kaum anfällig für Monilia; früh einsetzender, regelmäßig guter Ertrag. Blüte mittelfrüh, selbstfruchtbar; platzfeste Früchte.
Frucht: mittelgroße Frucht; süßsäuerlicher Geschmack. Reifezeit 5.–6. Kirschenwoche; vielseitig verwendbar. Weichselkirsche.

Weitere empfehlenswerte Sauerkirschensorten

	Sorte	Standort/ Besonderheiten	Frucht	Herkunft/Verbreitung/Reife
	Amarellen			
1.	'Königliche Amarelle'	mittlere Bodenansprüche	mittelgroße, hellrote bis trübrote Frucht	weit verbreitet, Reife 2. Woche
2.	'Ludwigs Frühe'	relativ anspruchslos, frosthartes Holz	hellrote, mittelgroße Frucht	weit verbreitet, Reife 2.–3. Woche
	Weichselkirschen			
3.	'Königin Hortense'	windgeschützte, warme Lage; guter Boden	rote, große Frucht	weit verbreitet, alte Sorte; Reife 3.–4. Woche
4.	'Schwäbische Weinweichsel'	sehr anspruchslos	hellrote, kleine bis mittelgroße Frucht	v.a. Süddeutschland, sehr alte Sorte; Reife 3.–4. Woche
5.	'Rote Maikirsche'	breit anbaufähig; frosthartes Holz	hellrote, große Frucht	weit verbreitet, sehr alte Sorte; Reife 4. Woche
6.	'Röhrigs Weichsel'	relativ anspruchslos, keine feuchten Böden	mittelgroße, dunkelbraunrote Frucht	v.a. Norddeutschland, Reife 5.–6. Woche
7.	'Berliner Morelle'	relativ anspruchslos	mittelgroße, schwarzrote Frucht	v.a. Nordostdeutschland, Reife 6.–7. Woche

Pflaumen, Zwetschgen, Renekloden, Mirabellen

'Kirkes Pflaume'

Synonyme: keine
Herkunft: um 1810 in England entstanden, seit 1840 Verbreitung in Deutschland.
Baum: starker Wuchs; breite Krone. Frosthartes Holz; eher für höhere Baumformen geeignet.

Standort: breit anbaufähig; Standortansprüche sind nicht sehr hoch. Benötigt ausreichende Bodenfeuchtigkeit; auch für kalte und höhere Lagen geeignet.
Eigenschaften: anfällig für die Pflaumensägewespe; sonst wenig krankheitsanfällig. Mittelspät einsetzender, nicht sehr hoher und unregelmäßiger Ertrag.
Frucht: sehr große, dunkelviolette Frucht; sehr süßer, schwach säuerlicher, würziger Geschmack, übertrifft

alle anderen Pflaumensorten. Reifezeit Ende August bis Mitte September; gute Tafelfrucht.

'Königin Viktoria'

Synonyme: 'Englische Pflaume'
Herkunft: Zufallssämling, um 1840 in England entdeckt; seit 1856 Verbreitung in Deutschland.
Baum: mittelstarker Wuchs; kleine, runde Krone. Frosthartes Holz; für alle Baumformen geeignet.
Standort: breit anbaufähig auf nährstoffreichen und ausreichend feuchten Böden, vor allem in Küstengebieten, aber auch in geschützten Höhenlagen.
Eigenschaften: Holz kann brüchig sein; vielfach Gummibildung in der Frucht. Früh einsetzender, regelmäßig guter Ertrag; bei längerem Regen platzen die Früchte.
Frucht: große bis sehr große Frucht von gelbroter Farbe mit feinen, weißen Punkten; sehr saftreicher, süßer, schwach säuerlicher, gering würziger Geschmack. Reifezeit ab Ende August/Anfang September; Ernte erstreckt sich über längeren Zeitraum. Tafel- und Wirtschaftsfrucht.

'Anna Späth'

Synonyme: keine
Herkunft: als Sämling 1870 in Ungarn entdeckt und von der Baumschule Späth, Berlin, um 1874 in den Handel gebracht.
Baum: mittelstarker bis starker, aufrechter Wuchs; Krone breitkugelig. Frosthartes Holz; für alle Baumformen geeignet.
Standort: nährstoffreicher, leicht feuchter Boden; sandige Böden kommen nicht in Frage. Bevorzugt warme Lage wegen langer Vegetationszeit, in kalten Lagen nicht genügend ausreifend; auch windige Standorte möglich.
Eigenschaften: anfällig für die Pflaumensägewespe; sonst robust. Früh bis mittelfrüh einsetzender, im Durchschnitt befriedigender, etwas unregelmäßiger Ertrag. Früchte windfest; platzen bei anhaltendem Regen.
Frucht: mittelgroße bis große Frucht von blauvioletter bis dunkelblauer Farbe mit hellblauen Flecken; süßer, feinsäuerlicher, würziger Geschmack. Reifezeit Ende September bis Anfang Oktober; gute Tafelfrucht. Halbzwetschge.

'Wangenheims Frühzwetschge'

Synonyme: 'von Wangenheims Pflaume' (ursprünglicher Name), 'Wangenheim', 'Wangenheimer'
Herkunft: 1837 in Brieheim (jetzt Brüheim) nahe bei Gotha im Garten des Freiherrn von Wangenheim entdeckt.
Baum: starker Wuchs; Krone breitkugelig bis breit ausladend, hängend. Frosthartes Holz; für alle Baumformen geeignet. Guter Stammbildner.
Standort: breit anbaufähig; geringe Standortansprüche. Auch für rauhe Höhenlagen geeignet.

Eigenschaften: in feuchten Jahren oft Fruchtfäule, sonst relativ widerstandsfähig. Früh einsetzender, regelmäßig guter Ertrag.
Frucht: mittelgroße, unregelmäßig gebaute Frucht von dunkelvioletter Farbe, hellblau bereift; sehr süßer, mild säuerlicher, würziger Geschmack. Reifezeit ab Mitte August; vielseitig verwendbar (Frischverzehr, Einwecken, Kuchenbelag, Marmelade, Dörren). Halbzwetschge.

'Hauszwetschge'

Synonyme: 'Deutsche Hauszwetschge', 'Fränkische Hauszwetschge', 'Bauernpflaume', 'Blaue Hauspflaume', 'Quetsche', 'Gemeine Zwetschge'
Herkunft: sehr alte Sorte, wahrscheinlich aus Asien; schon in der Römerzeit bekannt. In Deutschland gegen Ende des 16. Jahrhunderts kultiviert; seit dem 19. Jahrhundert Auslese wertvoller Typen, daher in Deutschland über 70 verschiedene Hauszwetschgen-Typen.
Baum: mittelstarker bis starker Wuchs; hochkugelige Krone. Holz nicht sehr frosthart; für alle Baumformen geeignet.
Standort: auf nahrhaften, ausreichend feuchten Böden; breit anbaufähig, frostgefährdete Lagen meiden. Bei genügender Bodenwärme auch für höhere Lagen.
Eigenschaften: anfällig für Fruchtmaden; allgemein robust. Mittelfrüh bis mittelspät einsetzender, in der Regel guter, manchmal alternierender Ertrag; windfeste Früchte.

'Hauszwetschge'

Frucht: mittelgroße bis große Frucht von blauroter bis schwarzblauer Farbe mit hellblauem Reif; edler Zwetschgengeschmack. Reifezeit ab Mitte September bis Mitte Oktober; je nach Typ für alle Verwendungszwecke geeignet.

'Italienische Zwetschge'

Synonyme: 'Welsche', 'Schweizerzwetsche', 'Fellenberger Zwetschge', 'Fellenberg', 'Doppelte Zwetschge', 'Zwetschge mit dem Pfirsichblatt'
Herkunft: Der Obstzüchter Fellenberg soll die Sorte vor 1800 von Italien in die Schweiz gebracht haben; seit 1823 Verbreitung in Deutschland. Die 'Kohlstockzwetschge' soll mit der 'Italienischen Zwetschge' identisch oder zumindest eine Selektion dieser Sorte sein.

Baum: mittelstarker Wuchs; Krone breitkugelig bis flachbreit, leicht hängend. Ausreichend frosthartes Holz; für alle Baumformen geeignet.
Standort: auf nährstoffreichen, genügend feuchten Böden breit anbaufähig; auch in höheren Lagen auf warmen Böden.
Eigenschaften: anfällig für Pflaumenwickler, -made und -sägewespe. Früh einsetzender, regelmäßig guter Ertrag; bei regnerischem Wetter während der Blüte schlechte Ernte. Frucht platzt bei längerem Regen.
Frucht: mittelgroße bis große Frucht von violetter bis dunkelblauer Farbe; süßsäuerlicher, würziger, aromatischer Geschmack. Reifezeit ab Mitte September; gute Tafel- und Wirtschaftsfrucht (Backen, Einwecken).

'Graf Althanns Reneklode'

Synonyme: 'Althann'
Herkunft: um 1850 in Böhmen auf dem Gut des Grafen Althann von seinem Gärtner Prochaska aus einem Stein von 'Große Grüne Reneklode' gezogen.
Baum: starker Wuchs; breite und kugelige Krone. Ausreichend frosthartes Holz; für alle Baumformen geeignet, niedrige sind jedoch vorzuziehen.
Standort: nährstoffreiche, ausreichend feuchte Böden; bevorzugt warmes Klima und warme Lagen. Wächst auch in windgeschützten warmen Höhenlagen.
Eigenschaften: Früchte werden gerne von Wespen heimgesucht. Früh einsetzender, regelmäßig guter bis

mittlerer Ertrag; Früchte platzen bei längerem Regen.
Frucht: große, rundliche Frucht von blutroter Farbe, bei Vollreife mit hellen Lentizellen; süßer, säuerlicher, würziger Geschmack. Reifezeit ab Ende August/Anfang September; Früchte zum Frischverzehr und zum Einwecken.

'Mirabelle von Nancy'

Synonyme: 'Nancymirabelle', 'Doppelte Mirabelle', 'Große Mirabelle'
Herkunft: sehr alte Sorte unbekannter Herkunft; in Frankreich schon 1690 bekannt. Kam um 1850 nach Deutschland.
Baum: starker bis mittelstarker, aufrechter Wuchs; Krone breitrund. Frosthartes Holz; für alle Baumformen geeignet.
Standort: anspruchsvoller als andere Mirabellensorten; Boden muß ausreichend feucht und nährstoffreich sein. Bevorzugt warme und geschützte Lagen.
Eigenschaften: anfällig für die Pflaumensägewespe; sonst wenig krankheitsanfällig. Früh einsetzender, regelmäßig guter Ertrag; Früchte platzen bei Regen. Sehr beliebte Sorte wegen der hohen Ertragssicherheit und der meist guten Fruchtqualität.
Frucht: kleine, rundliche, hellgelbe Frucht, sonnenseits mit gepunkteter oder verwaschener Röte; süßer, würziger, feinaromatischer Geschmack. Reifezeit ab Mitte bis Ende August; Verwendung zum Frischgenuß und zum Einwecken.

Befruchtersorten bei alten Pflaumen-, Zwetschgen-, Renekloden- und Mirabellensorten

	Sorte	Blütezeit	selbststeril/ -fruchtbar	Befruchter- sorten
1.	'Kirkes Pflaume'	mittelspät	selbststeril	7, 13, 15[1]
2.	'Königin Viktoria'	mittelfrüh	selbstfruchtbar	[3]
3.	'Anna Späth'	mittelspät	selbstfruchtbar	[3]
4.	'Wangenheims Frühzwetschge'	spät	selbstfruchtbar	[3]
5.	'Hauszwetschge'	spät	selbstfruchtbar	[3]
6.	'Italienische Zwetschge'	spät	teilweise selbststeril	5, 13, 14[2]
7.	'Graf Althanns Reneklode'	mittelfrüh	selbststeril	14, 15[1]
8.	'Mirabelle von Nancy'	mittelspät	selbstfruchtbar	[3]

[1] = Befruchtersorten sind nötig
[2] = Befruchtersorten erhöhen die Erträge
[3] = Befruchtersorten nicht nötig

Weitere empfehlenswerte Sorten von Pflaume, Zwetschge, Reneklode und Mirabelle

	Sorte	Standort	Geschmack	Verwertung/ Reifezeit
9.	'Ontariopflaume'	wenig anspruchs- voll an Klima und Boden	süß, aromatisch	Frischgenuß, Einmachen; Reifezeit August
10.	'The Czar'	etwas warme Lagen; humose, nährstoffreiche, feuchte Böden	süß, sehr saftig, aromatisch	Frischgenuß; Reifezeit August
11.	'Borsumer Zwetschge' (Ortenauer)	nicht zu rauhe Lagen, ausreichend feuchter Boden	süßsäuerlich bis süß, leicht aromatisch	v.a. Frischgenuß; Reifezeit September
12.	'Bühler Frühzwetschge'	warme, geschützte Lagen; ausreichend feuchter Boden	süß, saftig	Frischgenuß; Reifezeit Anfang August
13.	'Zimmers Frühzwetschge'	etwas geschützte Lage; nährstoff- reiche, gute Böden	süß, würzig, sehr aromatisch, saftig	v.a. Frischgenuß; Reifezeit Anfang August
14.	'Große Grüne Reneklode'	warme Lagen; nähr- stoffreiche, mäßig feuchte Böden	süß, würzig, saftig	Frischgenuß, Wirtschaftsfrucht; Reifezeit Sept.

	Sorte	Standort	Geschmack	Verwertung/ Reifezeit
15.	'Quillins Reneklode'	wenig anspruchsvoll an die Lage; warmer, feuchter Boden	süß, leicht gewürzt, saftig	Frischgenuß; Reifezeit August
16.	'Mirabelle von Metz'	warme, geschützte Lage; nährstoffreicher, ausreichend feuchter Boden	süß, aromatisch, saftig	Frischgenuß, Verwertung; Reifezeit August

Kurzporträts

Kernobst

Quitte

'Champion' (Birnenquitte): auch 'Meisterquitte' genannt. Stellt geringe Ansprüche an Boden, Klima und Lage. Schmeckt saftig und aromatisch.
'Konstantinopeler' (Apfelquitte): eine der besten Quittensorten. Sehr winterfest, robust; auch für höhere Lagen geeignet. Saftiger und aromatischer Geschmack.

Steinobst

Aprikose

'Nancyaprikose': weit verbreitete, alte, französische Sorte. Stellt geringe Bodenansprüche und ist relativ frost-hart. Saftig und schmelzend, gutes Aroma.
'Ungarische Beste': weit verbreitet, ursprünglich aus Ungarn. Relativ frostharter Baum mit geringen Bodenansprüchen. Süßer, saftiger, schmelzender und aromatischer Geschmack.
'Wahre Große Frühaprikose': um 1790 in Deutschland entstandene Sorte. Eher geeignet für geschützte und warme Lagen. Geschmack ist süß, saftig und aromatisch.

Pfirsich

'Anneliese Rudolph': ursprünglich deutsche Sorte. Relativ anspruchslos an Boden und Klima; sehr frosthart und robust. Schmeckt feinsäuerlich und saftig.
'Kernechter vom Vorgebirge': deut-

Pfirsiche sind vor der Blüte besonders günstig zu schneiden. Holztriebe werden entfernt, Fruchttriebe zurückgeschnitten, Fruchtspieße werden belassen.

sche Sorte, relativ anspruchslos; auch für Randlagen geeignet. Widerstandsfähig gegen Kräuselkrankheit. Säuerlich aromatischer Geschmack.
'Rekord aus Alfter': hat gleiche Eigenschaften wie 'Kernechter vom Vorgebirge', bevorzugt jedoch nährstoffreiche und ausreichend feuchte Böden.

Beerenobst

Brombeere

'Theodor Reimers': spät reifende und relativ anspruchslose Beere, gedeiht auch auf trockenen Böden. Süßer, leicht säuerlicher und saftiger Geschmack.
'Wilsons Frühe': früh reifende Sorte; benötigt nährstoffreichen, ausreichend feuchten Boden. Geschmack süß und leicht aromatisch.

Himbeere

'Golden Queen': mittelfrühe Sorte, einmaltragend mit gelben Früchten. Wenig Standortansprüche; aromatischer Geschmack.
'Lloyd George': mehrmalstragende Sorte; Reifezeit ab Mitte Juni. Relativ anspruchslos; aromatischer und saftiger Geschmack.
'Preußen': einmaltragende Himbeere, mittelfrüh reifend. Breit anbaufähig; süßlicher, aromatischer Geschmack.
'Schönemann': spät reifend (ab Mitte Juni); einmal tragend. Robuste, breit anbaufähige Sorte mit aromatischem Geschmack.

'Schönemann'

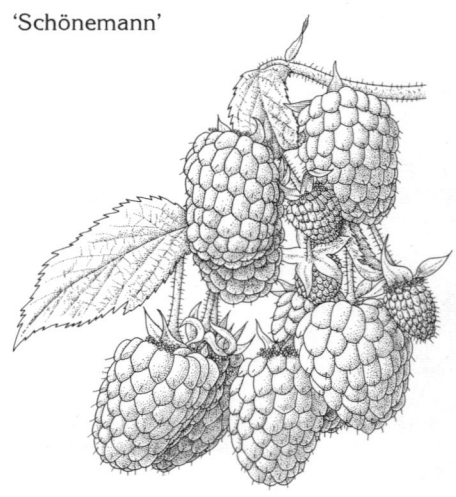

Johannisbeere

'Daniels September': Schwarze Johannisbeere, spät reifend. Nicht besonders anspruchsvoll; säuerlicher, aromatischer Geschmack. Hoher Vitamin-C Gehalt.

'Heros': Rote Johannisbeere, mittelfrüh reifend. Relativ hohe Ansprüche an Boden und Pflege. Süßsäuerlicher, saftiger, mild aromatischer Geschmack.

'Rosentals Langtraubige Schwarze': früh reifende Beere mit etwas frostempfindlichem Holz; bevorzugt geschützte Lage. Schmeckt säuerlich und aromatisch, mit hohem Vitamin-C Gehalt.

'Rote Holländische': sehr alte Sorte, mittelfrüh reifend. Gilt als anspruchslos und widerstandsfähig. Säuerlicher Geschmack.

'Weiße aus Jüterbog': früh reifende Johannisbeere; nicht besonders hohe Ansprüche an Boden und Pflege. Schmeckt säuerlich und aromatisch.

'Weiße Versailler': sehr alte Sorte, früh bis mittelfrüh reifend. Geeignet für etwas feuchte Böden. Süßsäuerlicher, aromatischer Geschmack.

Stachelbeere

'Hönings Früheste': sehr frühe gelbe Stachelbeere; verlangt guten, humosen Boden in etwas geschützter Lage. Geschmack ist süß, aromatisch und wohlschmeckend.

'Rote Orleans': sehr alte Sorte, mittelfrüh reifend. Wenig anspruchsvoll und sehr robust. Süßsäuerlicher und leicht aromatischer Geschmack.

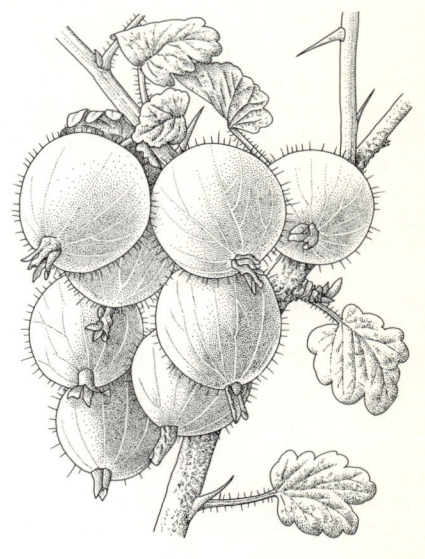

'Hönings Früheste'

'Rote Triumphbeere': mittelfrüh reifende Beere, dunkelrot, im Strauchinneren weniger Farbe; gilt als robust und wenig anspruchsvoll. Regelmäßig hoher Ertrag. Geschmack süßsäuerlich und leicht aromatisch.

'Weiße Kristallbeere': sehr alte Sorte, früh reifend. Relativ anspruchslose Beere mit süßem, aromatischem Geschmack.

'Weiße Triumphbeere': mittelfrüh reifende, sehr alte Sorte. Regelmäßig hoher Ertrag. Gilt als wenig anspruchsvoll; sehr guter, süßsäuerlicher, aromatischer Geschmack.

'Weiße Volltragende': spät reifende Stachelbeere; breit anbaufähig. Schmeckt süß und saftig.

Erdbeere

'Asieta': mittelspät bis spät reifende Erdbeere. Breit anbaufähig bei ausreichend feuchtem Boden. Aromatischer Geschmack mit leichtem Ananasaroma.

'Deutsch Evern': frühe Reife, auf ausreichend feuchtem Boden breit anbaufähig. Aromatischer, feinwürziger, guter Geschmack.

'Direktor Paul Wallbaum': mittelfrüh reifende Sorte; braucht andere Sorten zur Befruchtung. Benötigt nährstoffreichen, tiefgründigen, sandigen, humosen Lehmboden. Würziger, fein aromatischer Geschmack.

'Georg Soltwedel': mittelfrüh reifend; Bodenansprüche wie 'Direktor Paul Wallbaum'. Schmeckt aromatisch und süß.

'Gorella': früh bis mittelfrüh reifend; Bodenansprüche wie 'Direktor Paul Wallbaum'; Geschmack aromatisch und süß.

'Mieze Schindler': mittelspät reifend; 'Gorella' gilt als sehr gute Befruchtersorte. Bodenansprüche wie 'Direktor Paul Wallbaum'; Erdbeere mit pikantem und delikatem Aroma.

'Ostara': mehrmalstragende Erdbeere; Bodenansprüche wie 'Direktor Paul Wallbaum'. Säuerlicher, aromatischer Geschmack.

'Regina': frühreifende Sorte; Bodenansprüche wie 'Direktor Paul Wallbaum'. Süßsäuerliches, gutes Aroma.

Tafeltraube

'Früher Gelber Malinger': gering krankheitsanfällige Sorte; stellt normale Bodenansprüche, auch für etwas rauhere Lagen geeignet. Geschmack sehr süß.

'Gelbe Seidentraube': auch unter dem Namen 'Frühe Leipziger' bekannt. Hoher Platzbedarf; benötigt eher geschützte Lagen. Gutes Aroma, sehr süß; oft kernlos.

'Roter Gutedel': Mutation von 'Weißer Gutedel'. Bevorzugt windgeschützte Lage und nicht zu trockenen, tiefgründigen Boden. Sehr süßer, würziger, erfrischender Geschmack.

'Weißer Gutedel': sehr alte Sorte; benötigt humosen, tiefgründigen Boden in windgeschützter Lage. Süßer, mild würziger Geschmack mit edlem Aroma.

Anhang

Glossar

Alternanz: Ertragswechsel, d.h. Wechsel zwischen Vollertrags- und Ausfallsjahren.

Baumscheibe: kreisförmige Bodenfläche rund um den Baumstamm; von Gräsern und Unkräutern freigehalten und meist mit Mulch abgedeckt.

Blutlaus: Schadinsekt an Apfelbäumen. Die Blutlaus saugt an der Rinde von Ästen, Zweigen und am Stamm, besonders an den Schnittstellen.

Genußreife: der Zeitpunkt, ab dem man das Obst essen oder verwerten kann.

Halbzwetschge: Mischform aus Pflaume und Zwetschge.

Holzfrost: anderes Wort für Baumfrost, Holz stirbt nach starker Frosteinwirkung ab. Die Frosthärte ist sortenunterschiedlich ausgeprägt.

Krebs: Pilzkrankheit an Obstbäumen. Die Rinde junger Kernobsttriebe stirbt ab, als Folge davon auch der Trieb wegen mangelnder Wasser- und Nährstoffversorgung.

Lentizellen: auf der Frucht als Schalenpunkte zu erkennen; Atemporen.

Mehltau: an Obstgehölzen ist vor allem der Echte Mehltau relevant, eine Pilzerkrankung, die man am weißen, mehligen Belag auf Blättern, Triebspitzen und an den Blüten erkennt. Befallene Pflanzenteile kümmern und sterben ab.

Monilia: Pilzkrankheit des Steinobstes, vor allem an der Sauerkirsche. Die Triebspitzen kümmern und sterben ab.

Mostobst: Obst, welches zur Herstellung von Saft und Wein geeignet ist.

Obstmade: Larve einer Raupenart, die sich in den Apfel frißt und vorzeitigen Fruchtfall bewirkt.

Pflückreife: Erntezeitpunkt des Obstes.

Pyramidale Kronenform: Leittriebe bilden zusammen mit dem Mittelast (Stammverlängerung) eine Pyramidenform.

Schorf: weitverbreitete Pilzerkrankung; zu erkennen an runden, olivgrünen, später schwarzwerdenden Blattflecken und schorfigen Flecken auf der Frucht.

Stammbildner: Gerüstbildner, Zwischenbildner; zwischen Obstunterlage und Edelsorte wird ein Stammstück einveredelt.

Streuobst: hochstämmige Obstbäume, die verstreut in der Landschaft stehen, flächenhaft auf Wiesen, Weiden, Äckern oder als Reihenpflanzung an Wegrändern, Straßen und Alleen.

Stippigkeit: punktförmige, vergrünte, etwas eingesunkene Fruchtflecken, Fruchtfleisch oftmals verbräunt. Keine Erkrankung, sondern eine Folge zu starker Stickstoffdüngung bzw. Kalziummangels; sortentypisch verschieden stark auftretend.

Vorerntefruchtfall: oftmals in der zweiten Junihälfte einsetzender natür-

licher Fruchtfall. Sorten- und witterungsabhängig verschieden stark ausgeprägt.

Zufallssämling: nicht durch Züchtung von Menschenhand, sondern durch zufällige Kreuzung entstandene Obstsorte.

Weiterführende Literatur:

BISCHOF, H.: Schnitt und Veredlung von Obstgehölzen. Verlag Franckh-Kosmos, Stuttgart 1993

JANTRA, H.: Obstgarten. Verlag Franckh-Kosmos, Stuttgart 1994

Thinnes, G.: Obstgehölze schneiden. Verlag Franckh-Kosmos, Stuttgart 1993

WOLFF, J.: Arbeitskalender Obst und Gemüse. Verlag Franckh-Kosmos, Stuttgart 1992

WOLFF, J. (HRSG.): Mein schöner Garten. Verlag Franckh-Kosmos, Stuttgart 1994

Bezugsquellen

(Nach aufsteigenden Postleitzahlen geordnet. Die Liste erhebt keinen Anspruch auf Vollständigkeit.)

Deutschland

Hermann Cordes
Lülanden 4
22880 Wedel

Meinolf Hammerschmidt
Waldweg 2
24966 Sörup

Hans Ramcke
Rugenbergenerstr. 13
25474 Ellerbeck
(Obstunterlagen)

Gerold Brüntjen
Portsloge
26188 Edewecht

Detlev Wolters
Hillenberg 2
28857 Syke/Wachendorf

Franz Bergt
Thaler Landstr. 26
31812 Bad Pyrmont

Martin Diekmann
Baumschulenweg 24
49326 Melle

Gert Müller
Meierkamp 1
49406 Eydelstedt/Gothel

Herbert Ritthaler
Buchenstr. 6
66882 Hütschenhausen

Gerhard Baumgartner
Hauptstr. 2
84378 Dietersburg/Nöham

Andreas Brenninger
Hofstarring 57
84439 Steinkirchen

Werner Oppel
Dillenbergenerstr. 13
90579 Langenzenn/Stinzendorf

Österreich

Pauline Wödl
Lindengasse 13
A-2860 Kirchschlag

Gesellschaften und Vereine

A. und E. Rücklinger
Winklarn-Wolfröd 27
A-3300 Amstetten

Hans Pornerstorfer
Kremser Str. 11
A-3542 Stöhl

Rubert Halbartschlager
Wolfernstr. 23
A-4400 Steyr

Reinhard Ramseder
A-4980 Antiresenhofen/
Oberösterreich

Manfred Bayer
Baumschulgasse 2
A-8230 Hartberg

Karl Winkler
Wirlsdorfer Str. 15
A-9871 Seeboden

Schweiz

T. Spreng-Kohler
Haldimoos
CH-4922 Bützburg/BE

Toni Suter
Pilgerstr. 67
CH-5405 Baden/Dättnil

J. Hug
CH-8157 Dielsdorf

Hauenstein AG
CH-8197 Ratz

Gesellschaften und Vereine

Deutschland

Bundesarbeitsgruppe (BAG)
Streuobst des Naturschutzbundes
Naturschutzbund Deutschland e.V.
Außenstelle Berlin
Lohmühlenstraße 65
12435 Berlin

B d B
Bund deutscher Baumschulen e.V.
Bismarckstr. 49
25421 Pinneberg

Pomologen-Verein e.V.
Meierkamp 1
49406 Eydelstedt/Gothel

Österreich

Bundesfachsektion Baumschule
Draschestr. 13–19
A-1232 Wien-Inzersdorf

Schweiz

Verband Schweizerischer
Baumschulen
Zürcherstr. 17
CH-5200 Windisch

Register